高校教学促进丛书

交互式电子白板教学应用教程

汪 琼 李 林 编著

图书在版编目(CIP)数据

交互式电子白板教学应用教程/汪琼,李林编著.—北京:北京大学出版社,2014.7
(高校教学促进丛书)
ISBN 978-7-301-24392-3

Ⅰ.①交… Ⅱ.①汪… ②李… Ⅲ.①计算机辅助教学—教材 Ⅳ.①G434

中国版本图书馆 CIP 数据核字(2014)第 134580 号

书　　名	交互式电子白板教学应用教程
	JIAOHUSHI DIANZI BAIBAN JIAOXUE YINGYONG JIAOCHENG
著作责任者	汪　琼　李　林　编著
责 任 编 辑	唐知涵
标 准 书 号	ISBN 978-7-301-24392-3
出 版 发 行	北京大学出版社
地　　址	北京市海淀区成府路 205 号　100871
网　　址	http://www.pup.cn　新浪微博:@北京大学出版社
微信公众号	科学与艺术之声(微信号:sartspku)
电 子 信 箱	zyl@pup.edu.cn
电　　话	邮购部 62752015　发行部 62750672　编辑部 62753056
印 刷 者	北京虎彩文化传播有限公司
经 销 者	新华书店
	730 毫米×980 毫米　16 开本　14.25 印张　180 千字
	2014 年 7 月第 1 版　2018 年 8 月第 3 次印刷
定　　价	42.00 元

未经许可,不得以任何方式复制或抄袭本书之部分或全部内容。
版权所有,侵权必究
举报电话: 010-62752024　电子信箱: fd@pup.pku.edu.cn
图书如有印装质量问题,请与出版部联系,电话: 010-62756370 信箱: fd@pup.pku.edu.cn

主编的话

谨以此书献给刚刚接触交互式电子白板的中国一线教师，希望能对你们的教学有些帮助。

作为主编，我首先需要取信于读者，需要阐述论证自己有何德何能可以让大家相信书中的判断，接受书中的视角，采纳书中的建议；其次，我还需要让读者了解篇章结构，以便读者在繁忙的工作之余能够快速找到所关心问题的答案，继而判断这本书是否值得读，是否值得经常读，是否值得作为案头的收藏。对所有这些问题的回答便汇聚为"主编的话"，算是前言。

本书的读者定位

本书定位为交互式电子白板教学应用教程，汇集了各学科运用交互式电子白板开展课堂教学的方法和策略。我们希望：
- 犹豫是否采购交互式电子白板的地区教育主管部门、教学设备装备部门和学校领导阅读本书后能够坚定在教室中采用交互式电子白板的决心，并对引入交互式电子白板后可能带来的理念挑战、持续经费投入和教师发展投入有充分的思想准备。
- 初步接触交互式电子白板的老师阅读本书后能够从本书中老

师分享的做法中受到启发，在自己的课堂上大胆尝试。
- 已经接触交互式电子白板一年以上的老师阅读本书后，知道可以怎样建立自己的专业发展地盘，以及如何开展围绕交互式电子白板的教学实验和行动研究。
- 各家交互式电子白板厂商的培训人员阅读本书后，能够进一步完善推广培训课程的设计，让受训教师尽快享受到交互式电子白板课堂交互性、生成性的魅力。

本书的写作队伍

我第一次见到交互式电子白板是在 2005 年 1 月，当时受英国文化协会的邀请去伦敦参观，并参加英国教育技术年会（BECTA）。那次活动安排得很好，在去中小学参观时领略了交互式电子白板课堂的魅力，后来参观伦敦教育网格（London Grid）建设单位、在 BECTA 大会上听教育大臣的介绍，切实感受到英国政府将交互式电子白板作为提高课堂教学质量抓手的决心，政府、企业、学校三方各司其责，有效推动交互式电子白板教学应用的举措，令我深受震撼。

后来听说先我们一年应邀去伦敦参观学习的首都师范大学丁兴富教授回国后就与北京教育科学院张铁道老师一起开始了交互式电子白板的学校试点工作，当时是由英国普罗米修斯公司提供试点赞助；再后来，得知越来越多教育技术圈内的教授都在进行交互式电子白板的实验研究，听到越来越多的国产电子白板厂商的品牌，看到交互式电子白板价格越来越便宜，白板尺寸越做越大，反射亮度越来越好；继而又听说某某省某某市准备在全地区中小学中推广交互式电子白板，也有不少专家建议国家为西部学校配备交互式电子白板，以实现跨越式发展……一时间似乎这个被誉为"带来教室第二场革命"的工具，以教室基本装备的形式进入中国学校课堂已指日可待了。

主编的话

与众多教育技术圈内的教授一样,我也为交互式电子白板可能为学校带来根本性变革的潜力而兴奋,为技术终于可能无缝地进入日常教学而雀跃,但我也深切地认识到,交互式电子白板在学校能否站住脚并不是简单的一块板的问题,更重要的是要改变教学理念,继而改变教学方式。好在这些年随着新课改活动的深入,以学生为中心的教学理念已经深入人心,这为大家接受交互式课堂活动奠定了基础。

无数先行者的试验经验已经清楚地告诉了我们,并不是说教室里有了一个交互式电子白板,每个老师都会自觉使用,并逐渐成为使用专家。交互式电子白板的教学应用需要培训,培训的质量和覆盖面会影响交互式电子白板在学校教学中所发挥的作用。在交互式电子白板市场蓬勃发展的今天,也确实需要有一本指导交互式电子白板教学应用的教程。

感谢优客教学研究中心对我的信任,他们邀请我来担任这本书的主编,并请来全国各地在白板教学竞赛中获奖的老师一起编写这本教程。为了挖掘交互式电子白板的教学应用深度,优客教学研究中心的教研员团队深入学校一线,蹲点数月,协助学科老师将教学创意变为现实,这才有了这本案例丰富、贴近学科教学实际的教程。

下面列出了参与本书写作、汇编及贡献教学视频老师的名单,在此向诸位老师表示衷心的感谢,正是你们的参与和投入,才使本书羽翼丰满、有血有肉。

学科	主编	教学案例提供者	
		姓　　名	单　　位
语文	徐辉	梁晓波	四川省绵阳实验中学
		周红星	北京第十二中学
		陈元辉	四川师范大学
		张雪晨	北京市西城区外国语学校
	陈武超	黄丽	四川省绵阳实验中学

续表

学科	主编	教学案例提供者	
		姓　名	单　位
数学	郭宏民	顾冬磊	华东师范大学附属东昌中学
		李海宁	江苏省南京市第二十四中学
		李然	北京市西四北四条小学
		张晶强	北京市西城外国语学校
英语	刘桂影	刘志蓬	北京市西城区外国语学校
		李鲲	安徽省阜南实验中学
	于福莲	叶颖	北京市西四北四条小学
	许和器	涂洪源	四川省绵阳实验中学
		于聂	北京第十二中学
政治	李玉芹	陈静	江苏省南京市第二十四中学
		苗维爱	安徽省阜阳实验中学
历史	周冬梅	古犁	四川省绵阳实验中学
地理	周立军	葛琴	江苏省南京市第二十四中学
		孙晶	北京市西城区外国语学校
物理	王淑琴	徐向荣	北京市西城区外国语学校
	高栩	王素萍	四川省绵阳实验中学
化学	张淑琴	凌敏	四川省绵阳实验中学
		唐东慧	四川省绵阳实验中学
生物	张淑琴	李京伟	北京第十二中学
		阎亚群	北京市西城区外国语学校
美术	郭宏民	白虹	北京市西四北四条小学
		何英	江苏省南京市第二十四中学
信息技术	杨鹏	谭立鹏	华东师范大学附属中学
	王晓丹		

本书的成书过程

本书的成书过程是这样的，优客教学研究中心的李林老师首先起草了本书的写作框架和编写要求，第一批邀请了来自北京、南京和上海的竞赛获奖老师，请他们按照编写要求撰写使用交互式电子白板进行学科教学的经验和体会。之后，优客教学研究中心的教研员又补充了一些经过打磨的课程录像及评课分析，北京大学的研究生原帅同学整理了国内期刊上发表的教师论文的选题。最后，由我在这些素材基础上进行拼接组装，汇编成书。

也就是说，本书的很多段落都是来自本书写作团队老师们的文章，是组合而成的编辑产物。之前也想过按照学科来组织，少改动各位老师的文字，具体体现每位老师的贡献。但是因为每个人的写作文风不同，摆在一起，显得有些混乱，不够精致；而且一个学科的做法对另外一个学科的教学也会有启发，按照学科分列，不仅会造成某些内容重复，也不利于跨学科交流，所以最后还是决定对老师们的文章进行拆解，按照书的逻辑结构重新装配，只是在课例和策略的描述时冠以老师的名字，表示是该老师贡献的成果，但也有些地方，如学科策略，出于风格统一的需要，未列出贡献者。论文中被取用较多的有数学学科的顾东磊老师、美术学科的何英老师、地理学科的孙晶老师和葛琴老师，其间张淑琴作为主编秘书也花了很多时间对各学科主编进行协调并收集整理了大量资料，在此一并表示感谢。如果各位读者认为这些策略很实用，那是我们所邀请的这些一线优秀教师的功劳，是他们的智慧之珠在闪耀。与他们合作是我的荣幸。

另外，考虑到国外有些课例对国内的交互式电子白板教学应用会带来启发，所以本书还选译了英国 BECTA 在英国教育部支持下为英国中小学提供的交互式电子白板教学推广简易读物中的一些学科案例，在本书的参考文献部分有这些资料的网址。

本书的组织结构

这几年国内交互式电子白板教学应用越来越多，中央电教馆也多次举办基于交互技术的教学观摩活动和大赛，出版了一系列获奖课例光盘和教师经验论文。那么本书与这些出版物的区别在哪儿呢？这个问题也困扰了我很久。自 2009 年冬天启动这个项目到本书交稿，几年时间过去了，其间编著工作一度中断，就是因为我没有形成能够打动我自己的好的思路，如果不能形成一本比较权威的交互式电子白板应用教程，如果不能让读者从中获得触类旁通的收获，就没有编著、出版的意义了。为此，我又翻阅和学习了国内外交互式电子白板教学研究的论文、书籍和网站资料，经过反复思考，像摆积木那样把老师们提供的素材左放右垒，不断揉捏综合，使其渐渐有了眉目，最终形成了本书如下的结构。

本书共分为六章

"第一章 21 世纪课堂的教学工具"阐述了学校引进交互式电子白板的重要意义和实施策略，试图回答学校为什么要采用交互式电子白板，在学校采用交互式电子白板应该注意什么，学校引入交互式电子白板会碰到什么问题。希望通过这章的介绍，让读者理解为什么交互式电子白板会被誉为教学革命性改革的工具，如果打算使用交互式电子白板，应该怎样规划实施。虽然说交互式电子白板教学应用的关键不是"板",而是"人",但是由于电子白板市场缺乏标准,造成了在甲家白板上开发的资源不能应用于乙家,因此对板的选择就很重要了。在这章里,我们还介绍了现在常见的白板实现技术,阐述不同的技术实现方式对教学流畅性可能带来的便利或麻烦,为学校采购白板决策提供所需要的信息。

在"第二章交互式电子白板常见教学功能"中,我们介绍了交互式电子白板常见的20种基本工具,并结合课例展示了这些简单的基本操作到了富有创意的教师手中,如何变成了魔法工具,如何创造出不同于常规的课堂。

在"第三章交互式电子白板综合教学技巧"中,我们介绍了综合多种交互式电子白板功能开展教学的技巧,以及在交互式电子白板上结合7类计算机软件开展教学的典型做法。

在"第四章交互式电子白板教学过程分析"中,用25个小课例分阶段介绍了交互式电子白板开展的教学过程。

在"第五章交互式电子白板学科教学案例"中,介绍了11门学科使用交互式电子白板开展学科教学的关键点和若干堂示范课例。

在"第六章交互式电子白板教学研究"中,介绍了值得学校开展校本研究的课题,值得地方教育部门投入开展的交流和评价工作,教师的教学研究发展途径和一些开展研究时可以参照的网上资源。为了起到开拓视野的作用,在介绍相关研究的时候,我举的多是国外的研究案例。国内也有很多很好的研究,这些大家会比较容易获得。

总之,这本书源自一线的经验,为一线教师而编,旨在提供采用交互式电子白板开展教学改革的参考资料和发展思路。在写作中我们力图语言朴实,内容翔实,尽量少用专业术语,不说大话、空话,并希望通过版式的设计,提高可读性。希望这本凝结着我国一线教师直接经验的教程，能够帮助大家全面认识交互式电子白板，认识在学校推动交互式电子白板的关键因素，掌握交互式电子白板的教学特点，设计出让学生乐学愿学、既生动活泼又卓有成效的课堂。

汪琼
2014年正月于北京

目 录

第一章　21世纪课堂的教学工具 ………………………………… 1
 1.1 教室为什么要装备交互式电子白板？………………………… 2
 1.2 交互式电子白板课堂研究发现了什么？……………………… 5
 1.3 如何推进交互式电子白板在学校的应用？…………………… 9
  1.3.1 挑战1：学校战略 ……………………………………… 9
  1.3.2 挑战2：技术选型 ……………………………………… 11
  1.3.3 挑战3：教学支持 ……………………………………… 14
 1.4 本章小结 ………………………………………………………… 19
 练习题 ………………………………………………………………… 20

第二章　交互式电子白板常见教学功能 ………………………… 21
 2.1 页面概念 ………………………………………………………… 21
 2.2 颜色 ……………………………………………………………… 25
 2.3 屏幕注释 ………………………………………………………… 27
 2.4 资源库功能 ……………………………………………………… 30
 2.5 音视频片断 ……………………………………………………… 32
 2.6 拖曳操作 ………………………………………………………… 36
 2.7 缩放功能 ………………………………………………………… 40
 2.8 旋转功能 ………………………………………………………… 40
 2.9 克隆/复制 ………………………………………………………… 41
 2.10 放大镜 …………………………………………………………… 43

- 2.11 聚光灯 …… 44
- 2.12 照相机 …… 46
- 2.13 幕布 …… 50
- 2.14 刮奖刷/遮罩功能 …… 51
- 2.15 倒计时 …… 53
- 2.16 投票器 …… 54
- 2.17 数学教学工具 …… 56
  - 2.17.1 圆规 …… 56
  - 2.17.2 直尺 …… 57
  - 2.17.3 量角器 …… 57
  - 2.17.4 骰子 …… 58
- 2.18 本章小结 …… 59
- 练习题 …… 59

第三章 交互式电子白板综合教学技巧 …… 61
- 3.1 基本功能变形组合法 …… 61
- 3.2 白板与软件结合的教学技巧 …… 65
  - 3.2.1 网页浏览器 …… 66
  - 3.2.2 网络论坛 …… 67
  - 3.2.3 画图软件 …… 67
  - 3.2.4 Microsoft Word …… 69
  - 3.2.5 思维导图 …… 70
  - 3.2.6 Google Earth …… 74
  - 3.2.7 学科软件 …… 75
- 3.3 本章小结 …… 79
- 练习题 …… 80

第四章　交互式电子白板教学过程分析 …… 81

4.1　课堂导入环节 …… 82
- 4.1.1　运用音视频素材营造教学气氛 …… 82
- 4.1.2　通过测试类活动促进温习 …… 85
- 4.1.3　通过专业性作品激发探究兴趣 …… 86

4.2　新知识讲授 …… 87
- 4.2.1　立体呈现教学内容 …… 88
- 4.2.2　用层层提问推进思考 …… 90
- 4.2.3　在探究中找出规律 …… 91
- 4.2.4　在举证中产生见识 …… 95
- 4.2.5　在辩论中形成观点 …… 96
- 4.2.6　在模拟中传授规则 …… 97
- 4.2.7　用软件辅助教学 …… 98

4.3　练习消化环节 …… 99
- 4.3.1　根据参照物模仿练习 …… 99
- 4.3.2　提供学生展示的舞台 …… 100
- 4.3.3　用模拟软件预演实验过程 …… 101
- 4.3.4　角色扮演活动 …… 103

4.4　总结回顾环节 …… 104
- 4.4.1　用刮奖刷做总结 …… 105
- 4.4.2　用投票器做观点分析总结 …… 105

4.5　实验课教学过程 …… 106
- 4.5.1　借助学科软件寻求实验方案 …… 106
- 4.5.2　外接观察设备演示实验过程 …… 107
- 4.5.3　验证假设型提升实验兴趣 …… 109

4.6　教学成功关键点 …… 110

    4.6.1　提出好问题,推动教学的生成性 …………………………… 111
    4.6.2　有效采集资源,一切为教学目标达成 ………………………… 112
    4.6.3　精心设计交互活动,促发深入思考 ……………………… 114
  4.7　本章小结 ……………………………………………………… 115
  练习题 ………………………………………………………………… 116
第五章　交互式电子白板学科教学案例 ………………………………… 117
  5.1　语文 …………………………………………………………… 117
    5.1.1　语文学科教学提示 ……………………………………… 119
    5.1.2　语文学科教学案例 ……………………………………… 120
  5.2　数学 …………………………………………………………… 125
    5.2.1　数学学科教学提示 ……………………………………… 126
    5.2.2　数学学科教学案例 ……………………………………… 128
  5.3　英语 …………………………………………………………… 134
    5.3.1　英语学科教学提示 ……………………………………… 134
    5.3.2　英语学科教学案例 ……………………………………… 137
  5.4　人文社科类课程 ……………………………………………… 142
    5.4.1　人文学科教学提示 ……………………………………… 143
    5.4.2　地理学科教学案例 ……………………………………… 145
    5.4.3　历史学科教学案例 ……………………………………… 150
    5.4.4　政治学科教学案例 ……………………………………… 158
  5.5　实验科学类课程 ……………………………………………… 160
    5.5.1　实验科学类学科教学提示 ………………………………… 161
    5.5.2　化学学科教学案例 ……………………………………… 163
    5.5.3　生物学科教学案例 ……………………………………… 165
  5.6　艺术与技术类课程 …………………………………………… 171
    5.6.1　艺术与技术类课程教学提示 ……………………………… 171

        5.6.2 美术课教学案例 …………………………………… 172
        5.6.3 体育课教学案例 …………………………………… 178
        5.6.4 信息技术课教学案例 ……………………………… 179
    5.7 本章小结 ………………………………………………… 183
第六章 交互式电子白板教学研究 ……………………………… 184
    6.1 开展教学研究的知识准备 ……………………………… 184
    6.2 常见的交互式电子白板研究的问题 …………………… 187
        6.2.1 交互式电子白板教学法的特点 …………………… 187
        6.2.2 学生学习参与度研究 ……………………………… 189
        6.2.3 交互式电子白板教学影响力研究 ………………… 190
        6.2.4 交互式电子白板学校推广策略研究 ……………… 194
    6.3 交互式电子白板教师发展路径 ………………………… 195
        6.3.1 发现型行动研究 …………………………………… 195
        6.3.2 教学资源设计与开发 ……………………………… 197
        6.3.3 建设网络领导力 …………………………………… 198
结束语 …………………………………………………………… 201
推荐资源 ………………………………………………………… 203

第一章 21世纪课堂的教学工具

交互式电子白板（Interactive Whiteboard，IWB）是一块具有触摸控制功能的白板，计算机屏幕通过投影机投影在白板上，使用者或者用触笔，或者用手指，就可以控制计算机操作。使用者对白板上信息所做的修改会传回计算机，并保存在计算机中。如果计算机可以上网，白板上就会显示打开的网页；如果计算机能够播放多媒体，连接了音响后，白板就可以成为电影屏幕，播放多媒体资源。总之，交互式电子白板是计算机的一个外部接入设备，它既是计算机屏幕的输出设备，也是对计算机操作的输入设备。

由于白板尺度超过普通的电视屏幕，放在教室中，可以供众多的学生观看；也因为白板内容可以预先定制，可以是多媒体的，比原先的黑板教学内容更加丰富生动，上课效率更高。交互式白板优于普通投影幕的地方是其触摸控制功能和书写功能，使得在白板上新增或改变内容非常简单，从而满足了课堂教学随机应变的需要。也正是因为交互式电子白板具有不同于电视机屏幕、黑板和投影幕的上述特性，不少人认为交互式电子白板将带来第二场教室革命。也许有人会质疑：为什么教室中有了计算机，还不能算是第二场革命？为什么教室中有了计算机，还需要交互式电子白板？

在这一章中，我们将介绍只有计算机的教室与兼有交互式电子白板的教室在教学表现方面的差异，介绍白板实验研究的一些有价值的发现，以论证有条件的地区在教室中引入交互式电子白板的必要性，同时给出在学校中推进使用交互式电子白板开展教学改革的关键事项。

1.1 教室为什么要装备交互式电子白板？

与电视、计算机等现在用于教学但并不是为教学而专门研制的技术设备不同，交互式电子白板是专门为课堂教学而研制的。1991年第一块交互式电子白板就已用于大学的课堂。也正因为交互式电子白板是以课堂教学为其主要应用模式，在功能设计上就会有意识地增强对课堂教学关键环节的支持，因此与其他现在在教室中使用的教学技术工具相比，交互式电子白板对课堂教学有着更好的适应性。

交互式电子白板的第一个好处是可以让老师首先以熟悉的方式进行教学，而不是强迫他们立即采用全新的教学方式。

目前在学校，黑板仍旧是教师教学的主要工具。虽然有的学校每间教室都有计算机，但是并不能够做到每堂课都使用计算机。这其中的一个主要原因是，使用计算机上课与传统课堂教学方式不同，老师会觉得不太自然。比如说，如果教学以使用计算机教学为主，老师就需要坐在计算机面前操作，这就很容易忽视学生的表情，而造成讲课速度过快。如果教学是兼用黑板和计算机，老师就需要在黑板和计算机台之间来回奔波，写完粉笔的手再触碰计算机键盘和鼠标，总是不太方便。

但是使用交互式电子白板教学就没有这个问题。使用交互式电子白板的基本教学方式与使用黑板教学几乎相同，此时白板既是"黑板",也是计算机屏幕,触笔或手指既是"粉笔"也可以进行计算机输入。甚至在白板的试用阶段,老师就可以先把它当黑板使用,用它写板书,等熟悉了这块电子板之后,再逐渐地使用一些电子化新功能。所以,交互式电子白板是一种可以适应老师的教学行为逐渐发生变化的课堂教学工具,它的起步门槛可以很低,只要几分钟的摸索,就可以在课堂上用起来。当然,要想用得好,还是需要更多的培训,需要老师用心去体会。

与多媒体教室相比,交互式电子白板教室的第二个突出优势是可以将交互式电子白板视为超大的触摸式计算机屏幕,具有较好的展示效果。

在普通的多媒体教室,老师通常是在计算机屏幕上操作鼠标指点讲解内容,但是投影幕上的鼠标图标通常都很小,当鼠标移动速度很快时,学生的眼睛跟不上鼠标移动,经常会出现不知道老师点到哪里的情况。虽然老师可以用教鞭或激光教鞭来指点,但是一会儿用计算机,一会儿用教鞭的方式,会影响教学的流畅性,老师会感到很不舒服。

而使用交互式电子白板上课,师生看到的是同一块屏幕,学生的眼睛会跟随老师点触屏幕的大幅肢体动作,思维也能跟上老师的讲述,有与传统黑板教学一样的伴随感。比传统黑板更胜一筹的是,在交互式电子白板上既可以展示丰富的多媒体教学资源,又可以轻松地改变白板上呈现内容的位置,进行归类或建立新的关联。学生看到的是教师将教学资源信手拈来,真正做到了"信息就在手指尖"。

交互式电子白板的第三个优点,也是其被视为革命性教学工具的关键是,它能够在日积月累中引发教学方法发生变化,而这种变化可能是革命性的。

交互式电子白板打破了信息技术教学工具通常只能由一两个人在

机器面前操作的传统做法，支持各种面向全班的交互性教学活动，从而营造出生动活泼的课堂，激发学生积极思考的热情。

使用交互式电子白板教学的老师，会不断地发现交互式电子白板在各类课堂教学活动中支持有效教学的潜力。比如，用图形化方法讲解抽象概念的逻辑，允许学生动手探索变量之间的关系，可以促进学生深化理解；通过设置高质量的问题，来诊断学生思维的漏洞、存在的困惑，可以提高教学的针对性；将讲课板书保存下来，在后面教学的时候再调出来，可以帮助学生温故知新，还可以形成知识的对照（比如对重现的内容加注），突出关键知识点，促进学生建构知识……交互式电子白板通常都有一些配套的教学小工具，如幕布、放大镜等，这些小工具就如同教师手中的魔术工具箱，在日积月累的使用过程中，教师的教学方式会发生根本性变化，会越来越关注师生在课堂上就学科内容进行交谈的深度。

与传统的PPT课堂具有很强的预设性不同，使用交互式电子白板的课堂预设性和生成性并存，并且生成性是其一大特色。用过交互式电子白板的老师会发现交互式电子白板可以提供更为灵活的教学，比如老师可以根据学生表现出来的兴趣改变原定的教学路线，把一些本来准备后讲的内容提前，如果学生提出了老师备课时没有想到的问题，老师可以临时增加讲解。资料不够丰富、不够生动吗？那就直接上网检索吧……当学生提出的问题能够得到及时解决时，学生学习的积极性得到了鼓励，主动性大增，会更加积极地提出问题。

交互式电子白板之所以成为交互式白板，并不只是因为它允许师生操作白板上所显示的内容，也不只是因为它能够提高师生课堂上的对话频度，更重要的是，它能促进学生之间、师生之间、学生与学习内容之间在智力层面的交锋和互动，比如，老师创造一个问题情境，让学生分别提出观点或解法，并为了捍卫自己的观点而收集资料进行论证和辩论，这种能够促进学生自主学习的交互正是我们希望在每一个课堂都发生的事情。

基于以上对传统教室、多媒体教室和交互式电子白板教室使用方式的简单分析，不难看出，多媒体教室只是传统教室的改进，交互式电子白板技术则会带来教学方式的变革。因此我们说，交互式电子白板将会带来第二场教学革命，是非常值得学校引进的教学装备。

1.2 交互式电子白板课堂研究发现了什么？

英国政府之所以在中小学大力推进交互式电子白板，之所以有那么多教学研究专家看好交互式电子白板，是因为有关的试验研究和学校实践表明：交互式电子白板确实给教师教学和课堂气氛带来了明显的变化。虽然对于关键影响因素还没有形成定论，但是现有的发现已足以让教育部门、学校、老师和学生及家长欢迎这种教学设备。

对教师的好处：
- ERNIST ICT SCHOOL portrait（2004）的研究表明，即使老师是用交互式电子白板来重复传统的教学设计，也会产生很好的教学效果。这是因为，交互式电子白板像催化剂一样，会很自然地让教师开始创新地处理其已有的教学资源，采用更为交互的教学活动，学生也会因为众多的"课堂刺激"而学习兴趣高涨，从而记忆深刻，知其然也知其所以然。
- 一些老师表示：交互式电子白板上手容易（Smith H.，2001），原先难以实施的一些课堂交互性教学策略，在交互式电子白板环境下很容易开展,这会激发老师去尝试改变课堂教学方式,愿意参加使用交互式电子白板改进教学的培训(Smith A.,1999)。UnderWood 等人(2006)的研究发现,98%使用过交互式电子白板的老师表示,使用交互式电子白板后,他们对使用信息技术开展教学充满了信心。

- 研究观察也证实:与其他信息技术(Information and Communication Technology,ICT)相比,课堂上有更多的机会交流讨论(Gerard et al.,1999)。使用交互式电子白板超过一年的老师会向学生提出更为开放、更好的问题,会更为娴熟地引导学生探究信息细节,会对学生的表现及时准确地给予评价,会向全班而不是某个学生提出追问,而这些正是高质量教学的特征。

- 使用过交互式电子白板的老师常常谈到交互式电子白板带来的教学流畅性。它让老师可以站在学生面前使用信息技术教学(Smith H.,2001),教学所需要的图片等资料可以事先准备好,讲到的时候拖到白板中央,讲完后又可以折叠放到一边,节省了上课板书或画图的时间(Walker,2003),教学节奏会较平常课堂快一些,教学效率比较高(Higgins,2005)。教师在讲课过程中还可以对各类媒体资源勾画注释,符合讲授习惯(Kennewll,2001),适合于所有年龄学生以及所有课程(Smith A.,1999)。

- 有不少老师发现使用交互式电子白板后自己规划和设计课堂活动的能力提高了,因为如果要使用白板教学,上课前就要规划好课堂结构,设计好课堂活动。一堂课的板书可以保存下来,教学过程中产生的教学火花和因为学生的反馈而做出的教学修改也能够记录下来,并且还可以对这些记录下来的文件进行修改，这就使老师可以很方便地改进教学，所形成的教学路径和教学节奏也更能适合各个班学生的特点（Walker，2002）。
- 有些老师指出：交互式电子白板是一种将思维过程显性化的很好的工具。如果能够让学生边操作边解说，就可以帮助老师更准确地把握学生的思维过程，发现学生学习中存在的疑惑和困难；有些老师会使用课堂及时反馈投票系统适时地提出问题，获得全班对所授内容的掌握情况。这都可以提高教学的针对性，加快教学节奏，提高教学效率。在课程复习阶段使用交互式电子白板，作用尤其明显。
- 有不少老师反映，采用交互式电子白板之后，与同事之间的合作增加了，大家一起收集开发白板教学需要的资源，分享白板功能在教学上的妙用。这种合作不仅节省了备课时间，减轻了工作量，而且也提高了学校或地区整体教学资源制作质量和教学水平（Glover & Miller，2001）。
- Balanskat、Blamire 和 Kefala（2006）的研究发现：如果老师能够广泛地使用交互式电子白板，确实可以明显地改进学生成绩。这就是说，当老师明白教学过程中交互的意义，并能够有机整合技术与课程内容时，教学才能产生效果（Glover & Averis，2005）。

对学生的好处：
- 使用交互式电子白板的教学在形象性、生动性方面有优势，能够激发学生的动机，满足学生多种学习风格的需要（Belle，2002），使学生更容易应对复杂的概念和知识（Smith H.，2001）。
- 使用交互式电子白板可以开展参与性较强的教学活动，学生在课堂上变得更加主动，更为投入，对学习也更有兴趣。发言主动，讨论深入，记忆持久，会对学业成绩产生一定的影响。(Levy，2002)。
- 有老师提出：保存上课板书，既可以用来进行教研，也可以成为学生的笔记。这些在课堂教学活动中边讲边形成的板书，在日后学生复习的时候可以帮助他们回想到当时的情景，会有助于记忆。
- 课堂上使用交互式电子白板学生不需要用键盘操作计算机，所以它特别适合低龄学生和残疾学生（Goodison，2002）。
- 有研究发现：交互式电子白板课堂的活跃气氛，让许多学生敢于表达、不惧尝试、愿意合作，长此以往，会培养学生的表达能力和社交能力，树立自信心（Levy，2002）。

众多对于交互式电子白板教学效果的实证研究是在真实的教室环境下发生的，受各种因素的影响，研究过程往往存在瑕疵，这就造成了研究结论的不一致，但是对于如何建立高交互、有效的交互式电子白板课堂，还是有一些共识的：

- 提供满足老师个别需要的培训，给老师充分的机会、充足的时间熟悉交互式电子白板操作，帮助老师建立在教学中使用交互式电子白板的自信（Levy，2002）。
- 让学生也掌握交互式电子白板的基本操作是非常重要的，最理想的情况是全校每间教室都安装交互式电子白板，师生都有机会熟练地掌握交互式电子白板操作，避免因为操作问题而影响师生教学交流的流畅性（Kennewell，2001）。

虽然交互式电子白板有诸多的教学价值，但并不是说一个学校经费充裕就可以马上采用。在决定使用交互式电子白板之前，学校需要对交互式电子白板进入学校会带来什么样的问题和挑战有充分的认识。

1.3 如何推进交互式电子白板在学校的应用？

学校采用交互式电子白板，至少会遇到三个挑战，即学校战略挑战、技术选型挑战和教学支持挑战。下面分别介绍这三类挑战，以及学校可以采用的应对策略。

1.3.1 挑战1：学校战略

时代使命感

学校之所以要使用交互式电子白板，是因为，21世纪是数字时代，学生在数字时代长大，他们已经习惯了数字化生存，也希望学校的教学方式与教学环境能够跟上时代发展的潮流。学校作为未来人才的摇篮，必须思考怎样才能培养出未来社会的合格人才，更何况数字化教学确实也有传统教学所不具备的优势，在教学趣味性、学生自主性、教学效率效果等方面都值得期待，所以在社会大环境的影响下，既然它对学生、学校、社会都有益，各级政府也愿意推动，学校何乐而不为呢。

费用构成

在前面我们已经一再强调，交互式电子白板应该是师生共同使用的课堂教学交流工具，它不应该只是教师示范课的道具，因为偶尔一用，无助于课堂教与学方式的根本性转变，无法对学校的教学质量产生持续的影响，从某种角度来看，可能还是一种浪费。

根据多个国家的跟踪研究，最好的实施策略是全校每个班级的教室都安装交互式电子白板,白板放置的位置要避免阳光反射,投影和白板之间应无遮挡物(Smith H.,2001)。最理想的位置是安装在教室讲台中央(有些电子白板的材质允许把它当做普通白板使用,可以用水笔书写),从而让交互式电子白板成为教室中不可回避的有机组成。如果只是试点研究,那么应该要求试点班级的所有学科老师都要使用白板上课。只有这样,才能够看到交互式电子白板所带来的变化。应尽量避免采用移动式白板,因为使用前后的设备安装工作足以让老师们放弃使用电子白板的念想。

对于一所学校来说,决定采用交互式电子白板绝对是一个重大决策,因为交互式电子白板只有全面铺开,才能够尽快地产生效益。投入经费比较多,除了购置白板及配套软件外,通常还需要采购一些配套设备,比如一块交互式电子白板需要配备一台计算机、一个数字投影机(最好为短焦距投影机)。如果经常要播放多媒体资源,如电影、科教片,还需要采购音响设备。条件好的学校,会为老师配备无线键盘、无线鼠标和投票设备。

其他还需要支出费用的地方包括:安装调试费用,保修费用,为保证设备安全所采取的防盗设施费用,学校的网络建设费用和教室上网费用。为了保证设备故障不影响教学,学校还需要准备一些设备备件,如投影仪的灯泡等。如此这般,每年都需要一笔教学信息化设备更换维修费用,而且也会有更多的电费支出。另外一个重要的支出是教师培训和发展费用,不只是开始时的白板入门培训,还包括之后的交流活动、教改立项经费等。只有这些配套设施和费用到位,交互式电子白板的成本投资效益才能够充分发挥。

战略规划

也正因为投入巨大,学校才会真心要求交互式电子白板成为每个教师每天都要用的工具，也只有这样，交互式电子白板才能够将不菲的投资转变为推动学校现代化教学的催化剂，也才能够有机会充分发挥数字化学习的潜力。而当师生们都能够得心应手地驾驭交互式电子白板开展教学的时候，课堂的效率才会提高，学生才会更爱学习，更爱思考，也才会更有自信，教师也才会感到越教越有劲，学校教与学的整体氛围才会为之改变，投入才会获得可观的回报。

而要实现这个理想的远景，学校必须要有具体的教学信息化发展战略，有明确的发展目标和实施路线。这包括教师培训发展计划、学科教学改革计划、白板教学资源库建设计划等。如果学校能够设立相关政策，比如在很短的时间内建成全学科的白板教学资源库，那么交互式电子白板对学校教学效果的影响也会更加明显。

1.3.2 挑战2：技术选型

交互式电子白板是一个总称。采用不同的技术路线来实现"交互"（实际是操作点定位），便形成了不同的白板操作方式，各有各的优点。另外，各种交互式电子白板所能支持的文件格式不尽相同，各家所开发的资源库和其用户所分享的课程资源往往难以跨平台共享，所以在交互式电子白板尚未形成行业标准的情况下，选型就变得十分重要了。

一所学校如果要整体化推进交互式电子白板教学，就需要根据教学需求、教学周边的环境选对白板，并且一所学校甚至一个地区最好只使用一个牌子的产品，以便资源互通。最近几年，国内交互式电子白板厂商出现了上千家，竞争异常激烈。这对于学校来说是一件好事，因为学校有了充分的挑选余地。

技术原理

交互式电子白板的实现技术不同，造价和维护成本也有很大差异。表 1-1 为几类常见交互式电子白板的优缺点对比。

表 1-1 交互式电子白板类型

技术种类	优　　点	缺　　点
电磁感应式	需要专用笔，依书写轻重可呈现不同粗细。	硬板，面积不大，怕划伤。书写的笔过去之后笔迹才出现，反应不够快。易受周边电子设备及其他金属物干扰。
电阻压感式	不需要专门的输入笔，响应速度快，分辨率高，定位准确。	只能单点接触。书写较吃力，力度不够时字迹显示不出来，怕划伤，一旦有划伤，就不能使用，所以现在都会有防护膜。
电容感应式	必须用手指接触，支持多点触控，操作更加直观、更具趣味性。在防尘、防水、耐磨等方面优于电阻式。	精度不高，例如用户在使用的同时将身体靠近屏幕就可能引起漂移。当温度和湿度等环境因素发生改变时，也会引起定位的不稳定，甚至漂移。良品率并不高。
激光定位式	无需专门白板笔，只要在光路上有物体遮挡就会反馈位置信息。定位精确，反应速度快。	容易受到光干扰，如果板面上有其他异物进入也会激发反馈定位信息，采用高流明的投影机投射出来的画面会对板面的定位有一定的影响，需要软件进行校正。

续表

技术种类	优 点	缺 点
红外线定位式	定位准确，反应速度快，精度较高；无需专用笔，可用手指、教鞭等进行书写或触摸操作；不怕划伤，使用寿命较长；造价较低。	对光照环境因素比较敏感，可能受强红外光的影响；白板笔不支持鼠标右键等功能，对计算机操作较困难；无压感反应（可用软件弥补）；易受灰尘的影响。
虚拟白板（红外线+超声波）	将电子笔和感应接受器安装在墙壁或黑板上即可将普通墙壁或黑板改造为交互式白板，安装使用灵活，不受板面大小的影响，产品轻巧，拆装、携带方便。	精度不够高，反应速度慢，必须使用电子笔，会受温度影响。
受抑全内反射	光线分布均匀，不会有暗角，反应速度快，光速响应；可以实现多点触控。	因为要做到全内反射，因此对介质有一定要求；红外线易受阳光及温度的影响。

通常一个学校在采购交互式电子白板的时候并不太关心实现技术，只关心采购价格。但是如果能够了解所打算采购的白板的实现技术，就可以更好地决策。比如，有专用笔的白板通常定位比较准，但是反应速度未必快，笔的管理也比较麻烦，经常不知道放到哪里去了，没有笔就没法使用白板。但是不用专用笔的白板往往精度不高，

教学时有时会出现操作不顺畅的情况，老师因此可能不爱用。即使是同类技术的白板，在操作响应方面也会存在一些差别。

选型考虑

在进行设备选型的时候，不只是要考虑采购价格，还要考虑以后的运营成本，更要考虑其对常规软件的兼容性。有些白板的配套软件只能使用有限的几种文件格式的资源，有些常用软件在某些品牌的白板环境下只能使用其部分功能。为了利用过去已经积累的教学课件和资源，有必要在采购前就了解所要采购的电子白板的软件兼容性。

另外，采购前考察厂商提供的售后培训的种类和技术支持质量也很重要。交互式电子白板的操作虽然简单，但还是需要培训才能快速上手的，因此一定要参加厂商培训，要阅读使用说明书，去看厂家提供的以往用户的使用范例、心得，尤其是富有启发性的教学应用思路培训，以保证安装后很快就能让老师们有兴趣试用。

国外一些厂商很聪明地建立起其用户社区，鼓励用户写应用案例，互相交换所开发的课程资源。一些提供了白板配套学科资源库或者有着大量用户提供的课程资源的白板厂商在销售中往往会受到学校的青睐。

1.3.3 挑战3：教学支持

支持队伍

除了白板厂商提供的培训外，一个学校通常还需要培养1~2名老师作为大家的技术指导老师，及时地排查交互式电子白板存在的技术故障，为教学的顺利开展保驾护航。学校需要为这些老师的工作量和所付出的时间提供一定的经费补贴。通常，如果老师们知道当他们在使用中碰到技术问题时应该找谁来解决，有谁能够手把手指导他们学习使用交互式电子白板，从谁那里可以得到大家使用交互式电子白板的体会和经验，就会有意愿学习使用交互式电子白板了。

从国内外一些学校的经验来看，学校第一批学习使用交互式电子白板的人中最好有学科老师而不只是技术人员，否则会传递出使用交互式电子白板需要有一定技术能力的错觉。有些学校采取为每个班培养若干学生技术助理的策略，效果也很不错。现在的学生学习这些新技术要比老师快很多，当老师在教学中越到技术问题的时候，学生助理就可以挺身而出，马上帮助老师解决，不用去找学校的技术支持老师。还有一些学校从教师招聘入手，将教师的教育技术能力作为新教师录用的条件之一，从而减少以后扭转理念的难度，降低再培训费用。现在越来越多的年轻教师都具有很好的信息技术素养，熟悉网络信息检索和 Web 2.0 技术，这也为学校开展数字化教学做好了人才准备。

支持形式

除了技术支持外，交互式电子白板在一个学校的成功应用还需要若干带领大家改变理念的老师，需要形成互帮互助的文化氛围。使用交互式电子白板教学一定要发挥其交互性的优势，教学支持的重点要落在促进主动教、主动学的方法上，而不是制作令人印象深刻的幻灯片，防止将电子白板变成翻页器，防止老师授课成为拉洋片。而要做到这一点，教研组集体备课，分享资料，比较不同的教学处理，共同发展教学技巧，被证明是十分有效的途径。这一方面是因为电子化资源的收集、整理和制作费时费力，需要集体共建；另一方面也是因为教室引入交互式电子白板是为了提高教学效率和效果，思考对教学问题的创新解法是白板教学的应用焦点，也是教师备课的核心点，比较适合在教研组范围内研讨。

一般来说，老师们需要时间才能熟练操作交互式电子白板，需要时间熟悉新的教学方式。因此，学校在规划白板培训推广的时候就要做1~2年较长期培训的打算，既要提供形式多样、侧重不同、时长不一的多种培训机会，包括集中培训、观摩教学、教法研讨、一对一辅导等，又要保证老师们确实有充分的机会在交互式电子白板上练习，而不是在电脑上练习。这一点非常重要，因为用白板笔写字的感觉与使用粉笔板书很不同，其点触的灵敏度也不同于鼠标，需要一个适应过程。在初次培训的时候，要保证老师们先学会最基本的操作，如创建页、保存页、打开页，会使用画图工具、放大镜、幕布，会使用多样格式的媒体资源，如照片、视频、音频、文件等，在保留原先传统教室中行之有效的教学策略的基础上去整合发挥交互式电子白板的优势。

国内外白板应用学校的另一个成功经验是，要定期开展交互式电子白板教学经验和教学资源分享交流活动，不限于学科和年级。这是促进在日常教学中真正使用交互式电子白板的很关键的举措。除了学校内部交流外，有条件的学校也可以把一些老师送出去培训，或者送出去参加比赛、参加交流会议等，开阔眼界，带回火种。尤其是在将老师送出去参加比赛和开会之前，一定要与他们商定好，请他们回来后汇报所看到、所学到的新思路和新做法。学校如果能够借助他们参会后想干一番事业的热情，支持他们的行动计划，可能会收到更为持久的效果。

有些学校采取吸引周边大学研究人员合作开展行动研究的方式来推动白板教学的深化，还有一些学校将教研开发的教学资源上传到地区教委的教学资源库,免费与兄弟学校交流,也收到了意想不到的效果。比如,某地一所普通中学就是因为校长支持教学改革,积极引进交互式电子白板,为年轻教师创造了钻研创新教法的舞台。后来在全市的教学比赛中,这所学校与重点学校并驾齐驱,既增强了教师的自豪感和学校的凝聚力,也为学校在家长中赢得了尊重和信任。无数成功的经验告诉我们,在数字化教学的发展过程,开放的理念很重要,不仅会带来开阔的视野,也有助于学校和教师审时度势,获取持续进取的动力。

上面谈到的这些教师支持策略看上去似乎都是显而易见的,但是在实际过程中,很多学校还是会将应用推广不力归咎为缺乏技术培训和技术支持。诚然,在教师需要时提供满足其当时需要的培训和支持很重要,但更重要的是,要让老师看到这种技术会给他的教学、对他的学生带来什么影响,当老师有采纳的动机后,技术问题都是小问题,交互式电子白板还是很好上手的。

尊重规律

一般来说,一个老师在使用交互式电子白板教学的时候都会经过以下三个阶段。

第一个阶段叫"穿旧鞋走老路"。通常老师使用白板会有这样一个规律,首先是把一些寻常在纸面上的工作数字化,比如课本搬家、讲义搬家、作业题搬家,甚至将数字化作为老师懒得抄题的借口。处于这个阶段的老师会按照原先使用计算机教学的方式使用电子白板,或者使用PPT上课,或者大多数的教学工作还是在黑板上完成。这些老师即使使用交互式电子白板,也只是使用其中有限的几个功能,教学所需要的数字资源基本都是自己去找来的或自己做的。处于这个阶段的老师很纠结,抱怨较多,比如说交互式电子白板不好用、备课太花时间等。如果学校教学支持到位，则大多数老师会很快进入第二个阶段。如果支持不到位，估计学校买的这些交互式电子白板就会成为摆设了。

第二个阶段为"穿新鞋走老路"。处于这个阶段的老师会发现交互式电子白板可以很好地支持其原先成功的教学方法，只是做法上略有不同，但是效果很显著，比如他们会将一些教学中要用的表格或图片等提前做成一个个的文件，分别保存，在上课的时候，按需调出，同样的课时可以教更多的内容。处于这个阶段的老师能够娴熟地使用拖曳功能、层叠内容、幕布或探照灯等来吸引学生注意，活跃课堂气氛，会在白板展示的软件上标注讲解，会与其他老师一起备课、共同开发教学资源，会将上课过程保存下来，或用于其他班教学或用于复习，也可用于教学研究。这些老师已经开始享受交互式电子白板带来的师生高互动的课堂氛围，开始震惊于学生被调动起来后的学习潜力，开始体会到数字化教学对教学效率的提升。

第三个阶段是"穿新鞋走新路"，处于这个阶段的老师不只是会娴熟地使用电子白板技术，也具备教学常用的其他信息技术能力，如图片处理、影像剪辑、信息检索等，他们开始将教学的重心转向学习活动的设计，而不是怎样更好地传递内容；他们会采取鼓励学生自己探索的教学方式，通过提供思维支架和适时点评，引导学生建构学习；他们会综合多种媒体创造生动形象的教学环境，带给学生真实的感受甚至开放的课堂，如与别的班级、别的学科、别的学校、别的地区、别的国家的学生一起学习。在这个阶段，交互式电子白板发挥了教学改革催化剂的作用，催生出许多创新的教学活动，改变了教师教学生学的常规方式。

处于上述不同阶段的老师，其所需要的支持和帮助也是不同的。处于第一个阶段的老师需要的是一对一的帮助和指导；处于第二个阶段的老师需要的是给他们创造机会开眼界；处于第三个阶段的老师需要学校给他们创造舞台，让他们发挥领导力和创造力。而对于学校来说，某一时刻，这三类老师可能都存在，要允许处于不同阶段的老师采用他们那个阶段的舒适的方式开展教学，并有意识地引导他们向下一个阶段发展。

在一所全面装备交互式电子白板的学校中，每位老师都能熟练使用交互式电子白板了，就表明这个学校的每堂课都开始使用交互式电子白板了，这所学校的教学一定会发生明显地变化，教学效益的收获已为期不远了。

1.4 本章小结

交互式电子白板教室是在多媒体教室基础上发展起来的新型教室环境，"是带来教育飞跃发展的一个潜力工具"，在实施教育发展纲要所倡导的教学改革中可以发挥重要的作用。

国内外众多电子白板的教学试验证明，如果要想达到明显的教学成效，最好是全校全面推广电子白板。虽然投入不菲，但是考虑到它所带来的学生积极参与的课堂文化，教师之间互相合作、共同开发资源的气氛，考虑到这种积极向上的校园文化氛围所能带来的教学质量的提升，特别是交互式电子白板将教师个人知识经验通过集体共建转变成学校无形资产和核心竞争力，以显性方式保存下来并持久地流传，这种投入显然是十分值得且明智的。对于老师来说，真正的挑战是要看到交互式电子白板所带来的巨大的潜力：掌握工具，与同事和学生合作，有效地使用这些新工具。

常言道：环境变了，人就会变。学校投资改变教室教学环境，为教师实现教学创意提供技术基础。师生在此环境下不仅要使用技术做过去做过的事情，更要做老技术不能做的新事情，发挥数字化学习的潜力，抓住数字时代提升教育效果、效率和效益的机会。这是时代的要求，也是教育工作者的责任。

练 习 题

1. 如果贵校已经购买了一种交互式电子白板，或者你熟悉的某所学校采购了某种电子白板，请了解这种交互式电子白板的工作原理，并检验其操作方便性和可能存在的问题。

2. 请在网上搜索你所知道的几种交互式电子白板的名字，比较一下各种交互式电子白板的用户交流社区情况及厂家所提供的教学资源库情况。

3. 如果有条件试用一种或几种交互式电子电子白板，测试一下在其上运行你原先的 PPT 文件和 Flash 动画文件的效果。

第二章　交互式电子白板常见教学功能

如同学写汉字，需要先学点、横、竖、撇、捺一样，操作交互式电子白板也需要先学会一些基本操作，不只是类似传统黑板的书写、勾画、擦除操作，也不只是类似鼠标操作的单击、双击或右键操作，还包括对书写内容执行拖曳、放大、旋转、遮罩等动作。如同汉字有偏旁部首和字形结构一样，交互式电子白板也有一些常见的各学科教学都通用的教学工具，如浮动工具栏、图形库、放大镜、聚光灯、幕布、投票器、屏幕捕获等。在这章中，我们将举例说明这些基本操作和基本工具在教学中的用法。

由于每种白板的操作手法不同，工具或操作的名称也不一样，因此在阅读本章内容的时候可能需要读者根据所使用的白板说明书做相应的名称"翻译"转换。

2.1　页面概念

在寻常的黑板教学过程中，有些老师会对黑板分块使用，比如将黑板最左边作为本堂课的要点目录区，每讲一个要点，就在那里写一行，而将黑板的其余部分作为讲解区，写满了就擦去，这样，当一堂课讲完，进行总结的时候，就可以用黑板最左边目录区的文字进行总结回顾。在使用PPT教学的时候，老师是将PPT的一页当做一块黑板来使用的，换一页就相当于"擦去"了一黑板的内容。

在使用交互式电子白板教学中，也有页面的概念。很多老师会采用与PPT类似的思维来规划一页内容，讲完了，换一页。这样在备课的时候，老师们的做法与使用PPT教学没有什么区别，起步容易，但是没有充分发挥交互式电子白板的教学优势。

我们建议用教学活动来分割页面，即一个教学活动就用一个页面，把该教学活动所需要的文档资料（比如试题、PPT等）和影音资料（音乐、视频等）先放在页面的不同角落，需要时拉到屏幕中央展开，不需要的时候就最小化，拖到一边去，这样老师备课时就需要考虑：这45分钟我要组织几个教学活动，每个活动要花多少时间，需要什么样的资源，这些资源放在屏幕的什么位置，页面会怎样布局。这与师范教育中板书设计的原则是一脉相承的。

传统教学的优势之一就是板书设计，一个好的板书能给一堂课带来画龙点睛式的提升，也能体现一名教师的深厚功力。交互式电子白板不仅可以提供这样一个展示板书的平台，更为板书设计提供了与以往不同的方便。除了传统的书写板书外，授课教师还可以把前面讲授的知识点、典型例题通过屏幕捕捉功能原汁原味地保留到板书设计中去，甚至可以把上课的录像也保留到你的板书中去，这大大丰富了板书的形式。信息技术支持下的板书设计，是值得教师深刻研究的地方。

用法1：并列页面

在美术教学中，有时需要针对前后两幅作品进行比较，只需轻点工具栏里的"双页"图标，两幅作品就同时展现在屏幕上，便于师生比较赏析。比如何英老师在赏析印象派画家莫奈《卢昂教堂》的组画时，为了比较教堂在阴晴晨暮等不同天气里的光色变化，就可以用双页显示,把四幅画同时展现在学生面前,让学生观察比较并理解(如图 2-1 所示)。

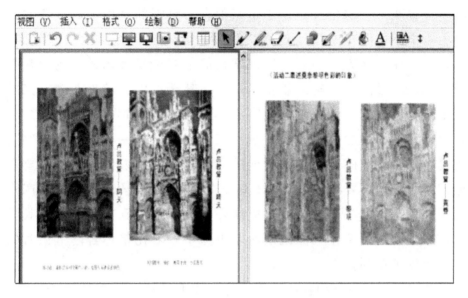

图 2-1　美术课双页对比功能用法

用法 2：延伸页面

在作品赏析中,有些画幅比较大、比较长,特别是中国画的竖幅长卷,无法在有限的计算机屏幕上显示出来,电子白板具有的"页面扩展"功能,就可以很好地解决这个问题,同时也可以让教师的板书无限多、无限大。

用法 3：页面记录

在课堂教学中,有时需要较长时间保留课堂教学中教师的板书和学生的板演,供学生整理记录,或者教师课后反思,这包括课堂上对例题的解题步骤,对学生错误的修订,学生在学习过程中即时生成的问题等，交互式电子白板提供了"页面记录"功能，可以很好地满足师生的这类需求。教师可以打开"记录器"功能，把整个教学过程或某个示范过程录制下来保存。录制的页面及时存盘放到网上，学生可以在家里通过网络访问，继续消化课堂上的知识点，如果有不懂的地方，还可以通过学校的学习论坛提出来。老师在家里也可以通过网络来解决学生的疑问，甚至可以让学生在网上完成家庭作业。这样，学生在上课时可以不再把心思放在埋头记笔记上，而是跟着老师的思路，一步一步得出结果。这样一来，学习效率会更高。需要注意的是，有页面记录功能，并不是说学生就不需要记笔记了，只是不要死抄笔记而已，记录要点或记录自己听课时产生的疑问还是很有必要的。很多成绩好的同学都谈到整理笔记对其学业成绩提高的价值，页面记录功能也为学生对比整理自己上课时的笔记提供了便利。

各家交互式电子白板的页面文件格式不尽相同，跨平台交流中会存在一定的障碍。一般来说，交互式电子白板软件都有导入、导出页面功能。教师可以把常用文件格式的文件导入白板，或者将白板文件导出为常见的文件格式，如 PPT、WEB、PDF 和图片格式等，以便在没有白板的情况下在计算机上也可以使用。

用法 4：回放页面

对重点、难点部分，教师还可以将自动保存的页面（如课件演示和板书内容等）反复播放，帮助学生理解和加深印象。如可以使用页面列表，进行知识总结。这时候的页面就如同早先的教学挂图，可以重新排序浏览，向前后翻。这些页面之间也可以通过超链接进行连接。

2.2 颜　　色

在交互式电子白板教学过程中，颜色就如同寻常使用的彩色粉笔，虽然普通，但如果善加利用，可以发挥很好的教学效用。

用法 1：解释学科内容

颜色填涂主要应用于区域块标识、地理事物分类、统计图表分析等，比如生物课演示消化系统的电子课件常常会用颜色标记不同的器官，地理地形图上用颜色区分沙漠和戈壁。

电子白板的"效果填充"功能中，有色彩填充、图案填充和图像填充，在美术教学中，发挥的作用比较大。比如在《色彩基本知识》教学中，色彩的三要素（色相、明度、纯度）是一个教学难点，通过白板的"色彩填充"就可以完成，选中"图形识别"中的圆形或方形，画出色相环或者方块，再选择"色彩填充"里的颜色，选择所需要的色彩，来表现色相的变化；"渐变填充"可以表现渐变色彩，可以很清楚地看到色彩明度或纯度的改变（如图 2-2 所示）。

用法 2：标记重点

老师在教学中经常会在重要概念下划红线，或者用荧光笔功能高亮划出一段文字，以引起学生的有效注意。

比如，刘志蓬老师为了让学生领会同义词，用荧光笔对下面两份教学材料的不同点进行标记，使学生一目了然地发现在描述阳光的时候两份材料运用的词汇是不一样的，开始体会"radiant"比"bright"在描述阳光时候的不同感染力。通过这种方式，学生明白了两份教学材料的不同点，突出了本节课新的教学内容（如图 2-3 所示）。

牛顿色环
光滑两端的红与黄很接近，牛顿把它们接起来形成一个环，这就是著名的牛顿色环
色彩三要素
色相——
色彩的名称和相貌
明度——
色彩的明暗程度
纯度——
色彩的纯净程度

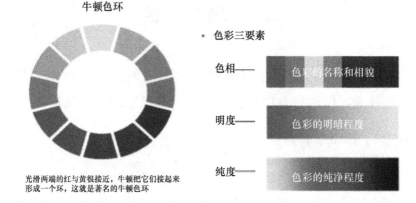

图 2-2　美术课颜色的用法

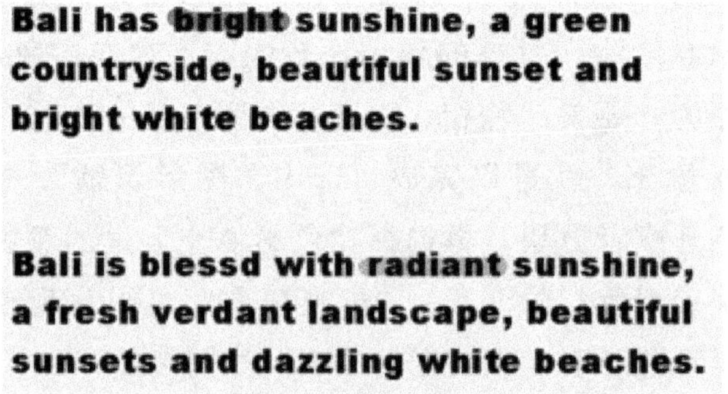

Bali has bright sunshine, a green countryside, beautiful sunset and bright white beaches.
Bali is blessd with radiant sunshine, a fresh verdant landscape, beautiful sunsets and dazzling white beaches.

图 2-3　英语课颜色用法

也有一些老师会指导学生用这种在重点词下划线的方法学习分析题意，比如陈晶老师在教学生做下面这道分析题时，请学生上台来找出题目中的一些关键性的信息（题眼），对其加下划线。很多学生并不能一次就找准题眼，有的可能会出错，而这出错的部分正是学生思维不清、知识点最薄弱的地方，既可以作为这个班的教学讲解重点，也可以成为下个班级的教学素材，比如让学生对此题的圈画处进行判

断，从而确定下个班级的学生对此知识点的了解程度。这些教学痕迹还可以保留下来，作为以后复习课时的资料，进行有针对性的复习，在巩固知识的同时，提高复习效率（如图 2-4 所示）。

例如：（材料题）根据下列材料回答问题。

材料一改革开放以来我国国内生产总值发展状况：

年份	1978	1997	2001	2004
国内生产总值（亿元）	3624	74772	95933	136 515

材料二截至2002年，每10万人口中科学家和工程师人数，我国为154人，而日本为4909人，美国为3676人。在科技人才中，我国高级技工仅占3.5%，而发达国家为40%左右。2000年美国硅谷的产值是5000亿美元，相当于我国当年国内生产总值的一半，而我国企业500强的收入总额仅相当于世界500强前3名之和的80%。

面对我国的快速发展，有些西方人惊呼："中国强大了，中国的社会主义已不再处初级阶段了。"请结合材料一和材料二，谈谈你对这一观点的看法。

图 2-4　政治课颜色用法

用法 3：进行分类

可以将同样的概念或同一类别的事物用同一种颜色标记，以作区分，一目了然。这是多个学科都可以采用的呈现策略。

2.3　屏幕注释

交互式电子白板与黑板的最大不同在于黑板的底色总是黑色，而交互式电子白板可以显示各种图形或文字。因此，教学过程中的书写大多是在丰富的背景上做注释，两者巧妙结合，便会生出许多有趣有效的教学活动。

交互式电子白板的电子笔有普通笔、毛笔、荧光笔、排笔等多种。其中普通笔具有书写整齐平滑的特点，适合字母、数字书写；毛笔是根据中国书法特点开发的，具有古朴考究的效果；荧光笔如同真正意义上的荧光笔，可自由更改其透明度，适用于标注、突出重点；而排笔适用于书写少数民族文字。利用电子笔,可以在电子白板上随意书写、标注,可随意调整笔的粗细和颜色,书写不同大小的文字和不同粗细的线条。如果不需要保存,利用清屏工具一点就可以全部"擦"掉。

用法 1:展示思维过程

教学时边讲边写,便于学生跟上讲解人的思路。通常数学题的演算需要这样的边想边说边写的过程。在讨论中,也可以用笔记录讨论中的重要观点,以及同学们对老师提问的回答等。

在讲课的过程中,教师可能会遇到许多课堂临时发生的情况,如学生的提问超过了备课的准备,或者在教学中突发灵感,进行了一些很有意思、值得保留的阐释。这些都可以用屏幕注释的方式记录下来,事后再整理到讲课资料中。

用法 2:强调标注

在讲解时,经常需要在白板投影的内容上加文字,画出要关注的地方,图 2-5 为英语课注释用法。

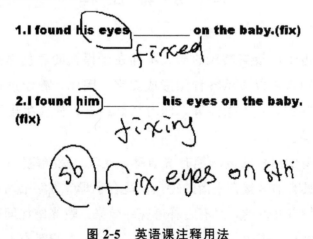

图 2-5　英语课注释用法

在地理教学中,教学生记简图是迅速掌握地图的有效方法,可以在白板上通过对所显示的真实地图用画笔归纳,得出地图的大致轮廓。如世界地图的各个大洲大多数可归纳为各种三角形,中国地图归纳为雄鸡等等,从而解决了传统教学不能在纸质地图上随意圈点勾画的问题。

孙晶老师还利用画笔功能,从气象云图、气压图中总结出气旋、反气旋等活动示意图,从地质构造剖面图中总结出向斜、背斜、断层等示意图,很好地回避了传统教学中示意图和真实地图及真实地理现象脱节的问题,使教学更具有科学性。

用法 3:烘托气氛

古犁老师在历史课上讲到南京大屠杀时,在相关图片上根据情境用红色的毛笔书写"勿忘国耻"四个大字,达到了震撼学生心灵的作用,潜移默化地进行了爱国主义教育(见图 2-6 所示)。

图 2-6 历史课颜色用法

用法 4：了解学生思路

书写功能增加了电子化课堂中学生参与活动的频度，比如，梁晓波老师让学生合作自学古文《干将莫邪》，并让学生利用电子白板讲解翻译课文，学生直接在白板上对课文词句进行批注讲解，甚至整句的翻译，可以让老师了解学生掌握知识的情况（如图 2-7 所示）。

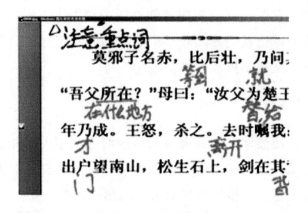

图 2-7 语文课注释用法

教师可以对学生书写的内容加以保存。课后，根据保存的内容，对比两个教学班的课堂教学情况，进行课后反思，这会促进教师的专业化发展。

2.4 资源库功能

各家白板厂商提供的资源库内容丰富程度不一，有的白板系统"图库"中为每个学科都准备了大量的学科素材和教学动画，为教师的备课提供了强有力的支撑。但无论哪种白板系统，都允许老师建立自己的资源库,允许老师将自己在教学中积累的各类教学素材输入资源库。

用法 1：图库资源加工

交互式电子白板还提供了一些基本的资源加工工具,可以直接用于教学。比如,美术教学中,经常需要对风景画、人物画等做一些分析,比如在欣赏凡·高的《向日葵》时,需要无背景色彩的图片,就可以通过"选中图片"—"点击右键"—"图片透明度",把鼠标放在需要透明的位置,单击,便可以得到一幅背景透明的向日葵(如图2-8 所示)。

图 2-8　美术课图片透明处理

用法 2：图形叠加呈现

再比如,在现代地理教学中,自然地理和人文地理的教学都需要用到图层概念,把各种主题图叠加在一起是为了研究各个地理要素的关联性。在传统教学模式下,只能把两张图并列平铺来对比,学生很难理解。而用白板的透明度渐变功能就可以把两幅关联图叠加在一起,使学生对两个要素的关系一目了然。例如：分析影响气温分布的要素，可以把地形图叠加在等温线图下，在半透明的地图上让学生观察等温线的变化与地形分布的关系。

2.5 音视频片断

利用电子白板的音视频播放功能可以达到营造气氛、设置情境、再现故事等目标，辅助教师抒发情感，丰富学生的感性认识，有效地提高学生的学习兴趣，并且还可以把抽象的文字形象化。以往在 PPT 中插入音乐、视频，需要在幻灯片中建立文字与音视频资源的超链接，同时还必须将相关音乐、视频随同 PPT 打包保存，否则播放时有可能因找不到路径而播放不出来，但在白板环境下只需将视频、音乐导入资源库就行了，大大节约了备课的时间。

建议老师们充分利用交互式电子白板自带的播放器。发挥播放器的暂停、截图等功能，再配合聚光灯、放大镜和注释及页面录制，就可以将视频素材的教学作用发挥到极致。

用法 1：建立感性认识

在英语教学中，有一篇文章是描述巴厘岛美丽风光的。由于学生缺乏亲身的体验，读这样的文章会有一些难度，所以刘志蓬老师就编辑了一段关于巴厘岛风光的视频，让学生看后再读文章。因为增加了一些直观的感受，这些抽象的文字也变得鲜活了（如图 2-9 所示）。

图 2-9　英语课情境建立

陈晶老师在教品德课的时候发现，当视频的主角是学生时，学生学习的积极性很容易被调动起来，课堂参与度高、气氛活跃，这个策略特别适合低年级学生。

顾冬磊老师谈到：数学课程要求密切联系现实生活，应从学生的生活实际和知识背景提出问题，引入数学知识和发展数学概念。过去由于技术的限制，学生只能接触那些预先经过教师加工的、非常"数学化"的应用问题，失去了应用问题的"真实"性。而借助交互式电子白板这个平台，教师可以积极调用各方面的资源进行优化整合，开展还原现实的课堂教学，使学生逐渐形成对数学的应用意识。例如在《指数函数的应用》一课中介绍人口增长模型时，顾老师在交互式电子白板上使用播放器播放有关控制人口增长的音像资料，在为课堂教学服务的同时，也强化了学科的德育功能。

用法 2：营造教学氛围

古犁老师在教初二年级上册《全民族抗战的兴起》一课时，播放了音乐《大刀向鬼子们的头上砍去》和节选自纪录片《世纪中国》中的中国国民革命军第 29 军将士英勇抵抗誓死捍卫卢沟桥阵地的场面，将同学们带回到"七七事变"爆发时的特定场景中。随着画面的放映，学生自然很想知道这场争夺战有怎样的结果，教师在学生学习兴趣正浓时就可以很顺利地过渡到抗战全面爆发后国共两党和各界的对敌态度这个问题上。

何英老师谈到，在学生作画的过程中，播放一些与氛围融洽的音乐，也非常有利于学生思维的拓展与创新。她在上《重复的魔力》一课时，课前先播放一组生活中的有重复意味的图片，并配上具有重复旋律的音乐来营造氛围。

用法 3：辅助学生创作

传统的美术教育重在教学生学习美术技法，老师在课堂上画，学生模仿，呈现在学生面前的美术世界比较局限。电子白板进入美术课堂，可以使教学具体、生动、形象，弥补传统方法的不足。

比如白虹老师在教《海底世界》一课时，预先将搜集到的海底录像进行剪辑加工，上课时向学生展现神奇真实的海底世界。通过电子白板的多种工具，时而将有特征的鱼放大，时而将贝壳定格，或者反复播放鱼群游动，或者用探照灯对潜水员、潜艇做局部特写，从而使学生对色彩斑斓的海底世界的认识既有全貌，也有细节，通过不断地观察和讨论，在自由创作时学生将更有主见和想象力。

用法 4：熟悉实验步骤

有些实验操作需要学生仔细观察。通过录像的形式在电子白板上播放，效果也会相当不错。例如，在数学课介绍计算器的使用时，就可以通过录像播放，让全班所有的人都能在电子白板上清楚地看到每一步操作过程。

用法 5：了解学科发展

在教学中，可以结合教学内容，适当介绍有关学科知识发展史的知识。比如在对数教学中顾冬磊老师发现有学生对自然对数底 e 的产生很感兴趣，但课堂上的重点并不在于此，于是他找了一个关于 e 的故事的科教片，上课播放了一小段，并引导学生课后自行观看完整的片子来了解 e 的来源和应用。这样就在保护学生学习积极性的基础上，增进了学生对数学史的了解，使数学教学具有了思想性、知识性和趣味性。

用法 6：激发学生讨论

陈晶老师在上《人人都享有人格尊严权》这一课时，要用到晏子使楚这个事例，而说故事这个方式学生并不喜欢，同时也习以为常。于是她在网络中找了一段晏子使楚的视频，在视频播放的过程中，故意没有说这个视频的主角是谁，在播放的过程中，使用了视频播放器，暂停后再让大家猜猜这个视频的主角是谁？在学生猜的过程中，课堂气氛非常活跃。当学生猜对了后，教师就在视频的图片旁做好注释，接着问学生是否知道接下来发生了什么事情。这样，就把说故事的任务转给了学生，由他们来说，他们来评价。学生在描述完故事后，老师接着问，你对这段故事有什么感想？学生讨论热烈，生生互动,纷纷发表自己的观点,而教师此时就可以利用电子白板的书写功能记下学生的思维火花,从而让学生们自己发现问题,分析问题,解决问题。

2.6 拖曳操作

拖曳缩放操作是黑板教学所不具备,而为交互式电子白板所独有的操作。它可以牵动学生的视线,让学生集中注意力于老师或同学的操作。

用法1:探究练习

在新课标中,探究性教学和开放性答案的教学比重逐步增加,只要合理,答案可以多元化。而教学的目标不再是告诉学生结论,而是通过讨论过程来实现让学生解决问题的培养目标。所以,讨论过程是教学的重点。教师的作用从传授者变为组织者和引导者。拖曳功能可以给教学设计环节的多样性提供自由空间。

使用拖曳操作进行探究,可以鼓励学生多次尝试,不怕犯错。学生是在试错过程中学习成长的。改错越容易,学生就越敢尝试。比如在英语教学中,经常会出匹配题,如将单词与其解释做匹配,这时候就可以请学生上讲台用拖曳功能来做练习。

再比如,在地理教学中,学生对地理概念逻辑层次上的梳理、复杂地理事物之间内在联系的理解,需要用关联图表示,像水循环图、地壳物质循环图等。在传统教学中,往往是教师给学生归纳出关联图,学生把它记下来。这种方式最大的弊病,在于大部分学生没有真正理解各种事物之间的联系,在变化应用中自然做不到灵活运用。利用白板的拖曳功能可以实现学生的自由讨论,无论是简单箭头组成的示意图,还是复杂图片组成的结构图,都可以通过拖曳找出关系。

比如,认识七大洲或国家以及中国 34 个省级行政区的名称、位置和轮廓,是章节的重、难点。可以利用在电子白板上直接拖曳、移动的功能,进行拼图游戏。在课前,教师把七大洲或国家或中国省级行政区的轮廓,储备在"图库"中。课堂上,学生打开"图库",就可以进行拼图。还可以在"图片集锦"中"拿出"一个计时器,以增强游戏比赛的激烈程度。拼图游戏,动手动脑,增加了趣味性,也突破了教学的重点、难点,提升了学生学习地理的兴趣(如图 2-10 所示)。

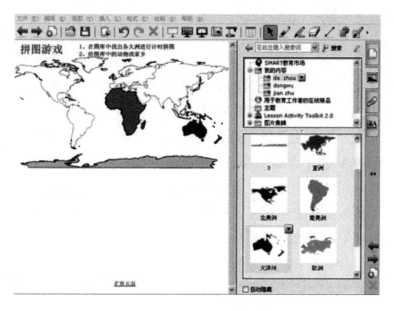

图 2-10 地理拼图游戏

用法 2:动态规律讲解

动态规律的讲解通常都是教学中的难点,传统教学多以口述加静态的图像示意为主，学生很难对一个复杂的运动系统达到透彻理解。能找到的动画课件或模拟录像非常有限，而普遍教师又没有开发和制作动画的能力。白板的拖曳功能使动态模拟的工作变得极为简单，大大提高了教师自己制作的可行性。

比如，在高中地理中，动态事物的教学主要集中在大区域的自然现象方面。如地球运动、大气运动、海水运动等。在讲解东南亚地区季风的形成时，孙晶老师在地图上拖曳代表季风的箭头（箭头的方向可以随意改变），让学生对季风的形成留下深刻印象。在讲解我国雨带的移动与夏季风的关系时，通过移动雨带，就能让学生对雨带进退的规律一目了然。

用法 3：应用规则

阎亚群老师在教染色体分裂规则的时候，让学生综合使用"组合"和"无限拖动副本"功能模拟减数分裂染色体行为。图 2-11 和 2-12 是一组学生利用白板拖曳功能完成的合作学习：学生需要从右侧的备选染色体中选择合适的染色体形态填到事先准备好的"空图"中（图 2-11），在选择的过程中学生需要理解不同时期的染色体行为，按照染色体行为变化的顺序完成模拟过程。模拟的过程也教会了学生利用图形梳理知识点的学习方法。

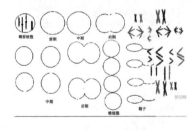
图 2-11　减数分裂过程 1

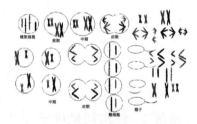
图 2-12　减数分裂过程 2

用法 4：促进记忆

在地理教学中，地理事物的空间分布是组成地理区域特征的重要基础。而这部分教学知识庞杂、繁琐，是学生学习的难点。如粮食作物的分布、气候类型的分布、矿产资源的分布等。将所学事物拖曳到地图上的相应位置，配合教师讲解或同学讨论，既实现了集中学生注意力的目的，又降低了内容的枯燥感，让学生充分参与其中，实现了以学生为主体的教学模式。例如：在粮食作物的空间分布教学中，孙晶老师在地图下方列了一组粮食作物的图片，让学生拖曳到地图上该粮食作物的分布区，让其他学生辨别正误，同时说明理由（地区的自然地理环境特征、作物的自然属性、人文地理区位条件等方面），让学生在思考讨论中实现识记粮食作物分布区的教学目标。

这种将标签"粘贴到"图表或设备的合适位置的活动设计非常符合教育心理学中关于簇记忆的发现。当学生回忆的时候，他们会想到这个地图和上面的作物图像，想到这个讨论过程，就可以很容易地回想起这些知识。如果所教的内容涉及气味或声音，能够让学生同时闻到气味或声音，或听到声音，则记忆效果更佳。

用法 5：整理教学区域

一般情况下，老师们总是将没有讲的或讲完的资料拖放到页面边际，保持屏幕中间总是正在讲的内容。

用法 6：点名册

英国老师 Tom Barret 在交互式电子白板上画了两个方格表，里面是每个学生的照片，左边为全彩色，右边为水印。每天早上学生来了之后，都要先到白板前做签到：将自己的照片从左边表格中拖到右边表格的指定位置。他建议这个活动在低年级学生之间使用，顺带也训练了他们独自操作交互式电子白板的能力，为上课时学生参与活动做好了准备。

2.7 缩放功能

课堂教学中师生之间的互动往往通过问题的提出与解决来进行。而问题的出示并非笼而统之地拿出来，要有一个层次，讲究先后顺序；解决问题时，相关提示的呈现也是有层次的，需要一个时间差。交互式电子白板解决这个问题有多种方式，其中最方便的就是缩放功能。如在课堂教学中经常把一组问题连同提示事先缩放在一张页面上，讲课时使用缩放功能将其放大，逐一解决，讲完后，还可以再缩小，使得屏幕上总是显示当前所讲的内容。

这个功能还特别适合用在答案中数字较少的习题训练中。

2.8 旋转功能

交互式电子白板的"旋转"功能看似平常，但若能用得巧，会产生出人意料的效果。

比如美术课《重复的魔力》这一课中有一个内容是关于"同一个基本形的重复变化会形成不同的视觉效果。"这是个教学难点，在以往的教学中，教师只能靠语言的讲述，或者利用静态的图片对比表现，效果始终不是很好。在利用电子白板进行教学时，何英老师对学生说："仔细看好，老师开始变魔术喽。"于是，她先选中整个图形，手指轻触"旋转"按钮,开始转动整个图形。学生们亲眼看见老师把同一个图形通过旋转操作使其改变方向,瞬间变成了截然不同的另外一种视觉效果(如图2-13),大家不禁异口同声,发出了一阵阵惊叹。

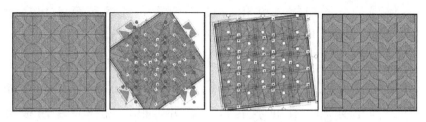

图 2-13 利用"旋转"功能改变图形方向

整个过程非常直观,学生一目了然:基本形的方向发生变化,视觉效果也会变化。那么基本形整体的方向变化和局部的方向变化又有什么不同呢?在学生们的手指转动下,基本形的方向出现了很多非常有意思的变化,有些神奇的视觉效果甚至是出乎意料的,这个环节极大地促进了学生的求知欲望,增强了学生的自信心。教学难点的突破可谓易如反掌。

旋转功能可用于解说对称性、光反射等内容,也可以用做数学证明假设的直观验证。

2.9 克隆/复制

电子白板的"克隆"功能相当于复制,可以复制粘贴你所需要的文字、图片等;而当你需要大量拷贝的时候,"无限克隆"功能就凸显优势了,它是白板的一个最重要的特色功能,非常适合于美术的设计领域,比如平面构成、二方连续、四方连续等教学,都需要大量拷贝重复图案的教学。

《重复的魔力》这一课中,学生利用本节课所学的知识对物品进行重复图案的设计。在以往的课堂中,这个环节要花费很多时间,但是电子白板的"无限克隆"功能,大大缩短了学生的操作时间,体现了电子白板人性化的设计。学生虽然是第一次接触白板,但是他们的接受能力超乎想象。学生们利用"无限克隆"程序,对基本形状进行复制设计,在短短的几分钟内,就完成了在以往教学中需要大半节课才能完成的内容,而且设计出的作品规范美观、简单有效。有的学生非常聪明,很快就找到了白板自带的"创作笔",只需十几秒钟就能设计出重复图案装饰的物品来,他们所表现出来的创造力和表现力让人惊讶又感动。学生创作的作品,还可以用"屏幕捕捉"功能保存下来,以便进行对比、讲评,或者作为教学资源保留下来,用于以后的教学中(如图 2-14 所示)。

图 2-14　学生们创作的作品

应该说,白板的"克隆"功能使课堂教学变得更高效,学生也乐于参与,在这一个环节的教学中,学生的想象力和创造力得到了充分体现,处处闪动着创新的火花,电子交互白板发挥了它的巨大魅力,为学生插上灵动的翅膀,使学生体会到了探究、尝试、发现、创新的乐趣,获得了成功的体验。

2.10 放 大 镜

交互式电子白板不仅保留了传统黑板的功能,而且还优化、提升了现代教育技术的屏幕演示功能。它可以将整幅图片或图片的某个区域放大,突出显示要讲解的内容。这个功能在教学中使用的频率很高。

用法1:放大看不清的局部

比如,美术课堂往往会提供大量的示范作品和名家名画供学生赏析,有的是视频资料,瞬间即逝的画面会让一部分学生来不及清晰全面地观察,交互式电子白板提供了"瞬间停留"、"局部放大"、"聚光灯"等功能,先把静态或动态的画面在学生需要仔细观察的画面处停留下来,让学生观察讨论,用"放大镜"(如图 2-15)功能,可以放大观察对象,集中观察范围,提升绘画作品的展示效果或视频播放效果。学生们原先模糊、朦胧的审美享受会变得更清晰,并将获得对艺术作品内层意蕴的更深领悟。

图 2-15 名画《雅典学园》局部欣赏

用法 2：引起注意

有些老师在讲评试卷或讲解图标的时候也会经常使用这个功能，通过放大显示，提醒学生注意。

用法 3：照顾后排学生

在班级里学生人数较多的情况下，为了让坐在后面的学生能够看得清楚，老师可能会经常要用这个功能。有时候对屏幕下方有可能会被前排同学遮挡的内容讲解时，也会使用这个功能。

比如，某老师发现图 2-16 中部分文字注解的字体稍小，学生可能会看不清楚，或者难以引起学生的重视，就利用白板的局部放大功能，将其中某些字体小但重要的文字或图局部放大，不仅可以起到清晰扩大的作用，在一定程度上还能起到突出教学重点的作用，提高课堂效率。

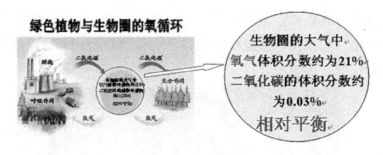

图 2-16　小文字放大

2.11　聚光灯

聚光灯的作用是将全班的目光吸引到屏幕上需要关注的地方。当屏幕上有很多内容的时候,聚光灯可以起到牵引视线、集中注意力的作用。聚光的区域可大可小,可以是圆的也可以是椭圆或方形的,位置也可以随意调整,以达到教学目的为准。

用法1:屏蔽无关的

比如,陈晶老师在上初一《情趣与兴趣》这课时,利用网络的搜索功能当堂找到了魔术师刘谦的资料。众所周知,由于在春晚上表演了近景魔术,刘谦一下子成了许多喜欢魔术的孩子们的偶像,有关刘谦的任何信息都是学生们最感兴趣的话题。当堂搜索到的资料内容很丰富,但教学只需要"刘谦的兴趣"这个有用的资料,于是陈老师就使用了聚光灯的功能,将灯光打在刘谦"兴趣"这一栏。学生被带回到课堂的主旋律上,不仅没有出现因为资料过于丰富而发生阅读干扰的情况,反而因为聚光灯的功能使学生的注意力前所未有地高度集中,课堂教学效果很好,师生的互动交流很顺利,大大提高了课堂效率(如图2-17所示)。

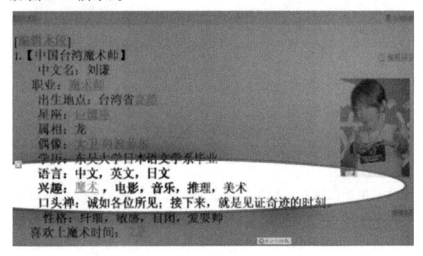

图2-17 聚光灯突出重点

用法 2：一一讲解

何英老师在教学生欣赏《最后的晚餐》时，画面人物众多，教师需要针对其中的重点人物做具体讲解。这个时候，电子白板的聚光灯就显示出了其特有的优势（如图 2-18 所示），光束可以根据需要自由移动、缩放，聚焦在要突出显示的部分。正如舞台上的聚光灯一样，观众的视线都集中在主角身上，有效地排除了其他因素的干扰，重点突出，效果显著。

图 2-18　聚光灯逐一解说

2.12　照相机

交互式电子白板的照相机实际上就是一个截图工具。当用鼠标点击一下照相机功能，会出现不同的菜单：区域、点到点、窗口、徒手、全屏幕等。这表示我们可以根据需要，或者将所需要的局部内容框住剪下来，或者将软件的当前活跃窗口内容裁剪下来，也可以全屏保存。

用法 1：准备教学素材

假如现在计算机上显示了一幅风景画或者某个网页，而我们仅对其部分感兴趣，想取这部分作为教学素材，这时照相机功能就大有用武之地了。只要用感应笔点击工具栏上的照相机功能，选择需要的区域，就可以将感兴趣的部分拍摄下来直接使用，或者保存到图库中，待需要时调出来即可。这个截图功能大大节省了课前制作课件的时间，对于讲解复杂的图形非常适用。

再如，梁晓波老师在讲解函数单调性的时候，利用几何画板举出一些增函数的例子，并使用照相机功能将若干张增函数的图片放到同一张活动挂图上，然后让学生自己比较总结增函数的图像都有哪些特点，教学的效果得到了提升，教学方式有了质的变化。如图 2-19 和图 2-20 所示。

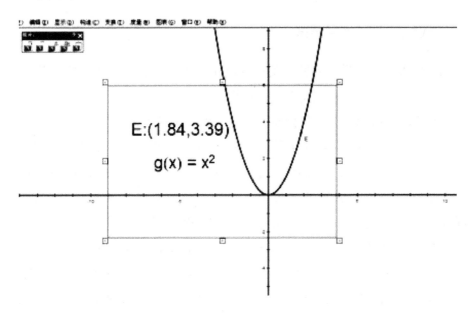

图 2-19　照相机拍摄

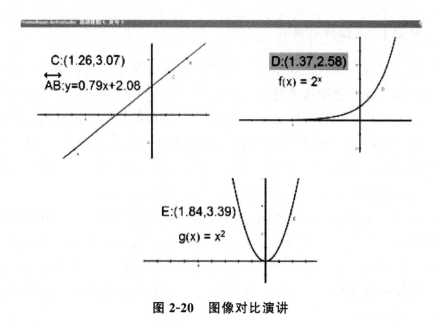

图 2-20　图像对比演讲

用法 2：用于教学演示

高中生物学在讲到营养生殖的嫁接和扦插时，学生容易混淆二者的概念。阎亚群老师综合利用交互式电子白板的照相机功能和放大镜功能，通过下面的教学演示步骤，帮助学生清楚地看出了两者的区别。

阎老师首先从一幅白牡丹的图片中选取一个枝条，利用照相机功能将其复制到水瓶中，然后利用放大镜功能，让事先做好的根呈现出来，学生看到的就是枝条"长出"根来，最后向学生说明长出根后就可以移栽到土壤中，这个过程就是扦插过程。

嫁接的处理是这样的：事先在一张页面上准备好两张图片，一张是白牡丹，另一张是粉牡丹，选取白色牡丹的一个枝条利用照相机功能将其复制到粉牡丹的枝条上，学生看到的就是粉色牡丹上开出白色牡丹花的过程，然后再利用一系列图片详细解释嫁接的过程。

总之，利用白板的照相机功能，学生能够很好地理解嫁接和扦插的区别，也能很准确地掌握二者的具体操作过程，而且讲解过程中还可以复习植物"根"的意义，整体听课效果非常好。

用法 3：记录教学创意

互动的课堂往往会生成凝聚着学生智慧的富有生命力的作品，如学生漂亮的书法、即时创作的短文、描绘意境的画作、精炼的批注等，这些都可以采用照相机功能截取并存储，以便教师进行讲评、赏析。

用法 4：建立书写规范

比如，学生在做题时往往格式不规范，唐冬慧老师就会对学生做题时出现的格式错误进行指正，并用照相机功能拍下来留存。为截图排除了其他内容的干扰，更利于学生重视格式错误这个问题（如图 2-21 所示）。

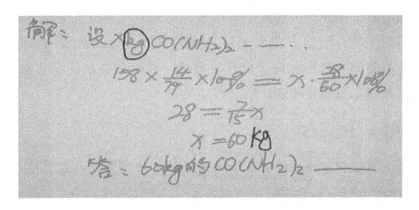

图 2-21 书写格式纠正

2.13 幕　　布

在教学过程中，有些内容需要逐步展现，以制造神秘感，吸引学生注意，比如课堂提问，需要将问题与答案分开设置，答案事先处于隐藏状态。如果演示的内容不想让学生全看到，可以利用幕布将全部内容盖上。就像我们最早使用幻灯机的时候，老师会用一张纸或者一本书挡住还不想让学生看见的部分，等学生回答完问题之后再让学生看到规范的书写，在白板环境下，我们可以使用幕布功能，将不需要立即显示的部分遮挡住，根据教学的情况逐步拖动让学生看到需要看到的部分。大幕布比较适合教师创设讨论题、思考题的情境，以及需要学生先活动后总结的环节。

在讲解时，只要用感应笔在工具栏内找到拉屏功能，点一下，再将感应笔置于屏幕上方，徐徐向下拉，所要演示或讲解的内容就会随着幕布的向下拉动而一点点显露出来。拉幕不仅可以从上到下，还可以从右向左拉，拉开方式由属性设定，而且可以多次拉动，随意而行。有些品牌的幕布允许设置幕布颜色，或者用喜欢的图片做幕布，还可以改变幕布的明暗度。

用法1：分步讲解

很多老师都喜欢在带着学生复习的时候使用幕布功能，即直接在Word文件上用拉幕方式——讲解习题，不用像准备PPT文件那样把每道题分别粘贴到不同的页面上。

一些老师还发现，善用幕布，可以达到多种教学效果。比如何英老师在教《剪纸》一课时，利用屏幕遮罩，慢慢推拉幕布，剪纸展开后的整体效果逐渐出现在学生的眼前,让学生领悟到剪纸原来是以一个单位纹样重复后出现的效果。于聂老师在进行英语教学时,用幕布盖住一个场景,从四个角分别拉,让学生不断猜场景中的人物在干什么,激发学生说出更多的句子。图 2-22 为化学数学时的幕布讲解示例。

图 2-22　幕布讲解示例

用法 2:总结复习

也有老师会在总结复习课上用幕布功能来帮助学生回忆并验证他们的记忆是否正确。比如刘志蓬老师在总结英语语法规则的时候,就曾使用幕布功能,逐一呈现语法规则,以核对的方式调动学生回忆,并集中学生的注意力。

2.14　刮奖刷/遮罩功能

学生都有好奇心,都喜欢玩猜谜游戏。在教学中利用学生的这一心理,将问题的答案先盖起来,然后使用刮奖刷功能一点一点透露,极大地激发学生的兴趣,以达到活跃课堂气氛的作用。

用法 1:知识辨识

例如,梁晓波老师在《曹刿论战》的练习活动中,将判断多义词意思相同与否的"√"和"×"设置为刮奖区,涂成银光色,由学生抢答后刮开验证,这样的方式往往有出人意料的效果,可以很好地调动学生的学习积极性(如图 2-23 所示)。

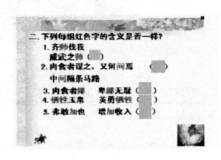

图 2-23 词义辨识

用法 2:单元复习

刮奖刷可以实现大容量、多角度、多层次的单元复习。例如陈静老师在初三年级第五单元"英法美的资产阶级革命"单元复习中,先设计一个英法美三国资产阶级革命比较表,用刮奖刷的功能先遮盖表格中的原因、标志、文件、成果、领导人等需要比较的内容,让学生先复习概括后再逐一打开。这样做可以使学生开动脑筋,强化记忆,在有限时间内复习三节课的重点。同时,因为可以直接在 Word 文件上加覆盖,不用重新做资源,免除了教师画表、填答案的工作,节约出来的课堂时间老师还可以进行不同题型、不同难易程度的习题训练。如此一来，学生便能将这一单元的重点知识和训练结合起来，课堂效率自然能提高。

如果教师所使用的白板没有刮奖刷功能，教师还可以采取填充银色的矩形遮盖的方式来实现"刮奖区"，采用移开或删除这个矩形的方式来"刮奖"，效果也是一样的。

有些白板是用图层功能来实现刮奖刷效果的，通过设置答案和遮罩形状的图层位置，或设置隐藏操作，就可以实现反复点击遮挡物，答案可以反复出现或消失的效果。这一做法适用于英语词汇的复习、核对答案、做猜测游戏等，可以大大提高备课效率，提高课堂教学的活跃度。

2.15　倒　计　时

有些交互式电子白板配备了时钟功能，可以按需要设置为倒计时。这个功能对于老师掌控课堂节奏非常有用。比如在学生练习之前，便规定好活动用时，然后在屏幕上显示倒计时时钟，这样可以大大提高学生的做题速度。

图 2-24　倒计时

有时候课堂讨论也会出现时间失控的情况，因此也可以使用这个功能，提醒师生注意时间。

有些学校的教室没有安装时钟，老师也可以将电子白板的时钟显示在屏幕的一角，作为全班的时钟。

2.16 投票器

有些交互式电子白板配备了学生投票器，这样教师在教学过程中可以利用投票器的功能，了解学生的掌握情况。

投票系统具有如下的优点：

- 投票可以匿名，也可以实名，可依据活动性质灵活设置。
- 投票结果可以立刻显示，引发讨论，提供反馈。
- 投票结果可以保存下来，学生可以看到他们的论述是否影响了别的同学的态度。
- 投票结果也可以用来帮助老师分析教学策略和教学活动的效果。

用法 1：知识诊断

在上课之初，教师可以使用投票器功能对上堂课的内容进行抽查，也可以在本堂课讲了一个概念之后，用投票器了解一下全班学生掌握的情况，比如出一道判断题。教师可以根据投票结果，来判断学生是否都掌握了，还有多少学生在哪个环节上还有点含糊，从而及时调整自己的教学进度和难度，使教和学更加有效。

比如，刘志蓬老师在教学中要求学生利用投票器在图 2-25 中出现的四个单词中选择一个不能正确描述这两幅图片的词汇。通过及时反馈，教师可以及时发现教与学的问题，及时加以调整。

A. economical B. luxury
C. deluxe   D. exclusive

图 2-25　投票问题

用法 2：观点分组

对于一些开放性问题，有时候我们需要组织学生进行辩论，使用投票器可以轻松地找出哪些学生具有同样的观点，从而将这些同学分为一组。在辩论无人发言时，还可以根据投票器编号用点名方式找出每个观点的发言人（如图 2-26 所示）。

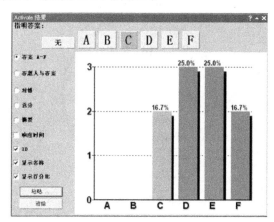

图 2-26　投票结果

2.17 数学教学工具

交互式电子白板的常用工具箱中通常都有数学教学常用的工具,如圆规、直尺、量角器等,这些工具在地理学科教学中也会采用,如用量角器测太阳高度角,用直尺计算比例尺等。下面我们先看看这些虚拟教学工具与寻常教具在用法上的异同。

2.17.1 圆　规

使用工具箱中的圆规,与使用圆规教具类似。先在屏幕上选中圆心所在的位置,然后选择半径的大小,再将圆规绕一周,即可得到一个圆,如图 2-27 所示

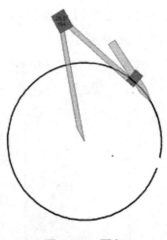

图 2-27　圆规

2.17.2 直 尺

交互式电子白板中的直尺与普通直尺操作略有不同,即需要先选择直尺的度量单位。将光标放在刻度尺的右下角,屏幕上就会出现刻度尺的单位,选定某个刻度单位,就可以用该尺子去测量线段长度了,如图 2-28 所示。

图 2-28 直尺

2.17.3 量角器

交互式电子白板通常提供两种量角器,将光标放在量角器的右下角,屏幕上会出现"半"和"全部"选项,表示我们可以使用 180°的量角器和 360°的量角器,这里我们选择 180°的量角器来测量图中的角,如图 2-29 所示。

图 2-29 量角器

2.17.4 骰　子

在初中和高中，我们都会接触概率问题，并经常用到一个例子：掷骰子。我们可以事先准备两个塑料骰子，让学生来做试验，但是其他学生看不到骰子的情况。如果我们使用电子骰子，那么所有的学生都会看到试验的结果。我们首先在工具店中调出骰子工具，如图 2-30 所示，然后选择骰子的个数。

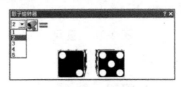

图 2-30　骰子

我们可以让计算机显示每次骰子的点数之和，如图 2-31 所示。

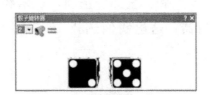

图 2-31　显示点数之和

这样，一旦我们进行生动形象的展示，学生对概率中可能出现的情况就会有更深刻的了解。

有时候我们也可以用骰子工具来挑选上台演示的小组，以活跃课堂气氛，或者用来挑选学生发言，比如以两次投掷的结果来决定一个学生的学号。这样也可以避免老师上课总爱叫某几个学生的情况，让每个学生都不能掉以轻心，而必须专注地参与课堂活动。让上来演示的同学指定下一个演示的同学也是老师们经常采用的策略。使用这些策略的老师需要有充分的信心和准备以驾驭不可预知的课堂情况。

2.18 本章小结

本章介绍了交互式电子白板的若干常用工具以及在教学中的一些用法,正是这些简单、易上手的工具让老师们愿意在课堂上使用交互式电子白板。Allen(2004)提出:对教师的最初培训至少应该包括虚拟笔的用法、拖放、刮奖刷/遮罩、电子笔记本和翻转图工具。这些工具经过组合,在富有创意的教师手中,就变成了教学的魔法棒。更多的组合方式还有待一线教师们在使用中总结、完善。

介绍了这么多交互式电子白板功能,最关键的问题不在于怎么学会使用这些功能,随着科技的发展,操作会越来越简单,功能会越来越完善。作为教师,最应该思考的问题是:在现代信息技术背景下如何对传统的教学方式进行调整和更新,使之能够适应信息时代发展;如何拓宽学生学习的渠道,推动学生学习方式的转变,使之成为真正可持续发展的人;借助交互式电子白板这一平台,教师可以尝试改善课堂学习的过程,使教与学真正达到和谐统一。

练 习 题

1. 请在白板课件资源预览中增加以自己名字命名的资源分类。
2. 使用照相机或者视频播放器截取一幅来自于网络的图片,把一幅装饰画的背景设置成透明色,并用"屏幕捕捉"功能,把设置好的图片保存下来,将其作为新增加的模板。

3. 学习建立横向间隔和纵向间隔都为5，宽度为0.1的黑色虚线网格，模拟学生作文本，并用电子笔中的毛笔功能在网格中书写一句古诗，保存白板上的记录痕迹。
4. 学习用"图形识别"功能，画出一个五角星，线条样式设置成最细、红色，并为这个五角星填上由白到黑的渐变色。
5. 请动手试一下，在使用探照灯功能时背景设置为0%和15%，哪个效果更佳？
6. 如果已使用了拉幕功能，请问还能在幕布上拖入视频资源进行播放吗？
7. 把课堂生成资源拖入自己的资源库。

第三章 交互式电子白板综合教学技巧

上一章介绍了交互式电子白板的一些基本教学工具，是从工具角度出发看这些工具可以在教学中发挥怎样的作用。在这一章中，我们从学科教学需求出发，介绍使用白板功能开展学科教学的一些技巧和窍门，看看在具体教学过程中，如何根据学科的特点，有创造性地组合多种教学工具和常用软件，结合白板交互功能，设计出富有创意的教学活动。

3.1 基本功能变形组合法

交互式电子白板的基本功能简单易学，可谓一"触"即会，但是怎样用得巧、用得妙，怎样用最简单的方法来实现最佳的教学效果，为课堂教学锦上添花，却需要教师用心思考、潜心琢磨。因为，看似简单的一种功能，如果能巧妙运用，往往能出奇制胜，达到事半功倍的效果。在这一节中，我们所介绍的策略、所利用的功能都是最基础的，但是落在用心的教师手里，就变成了增强教学效果的魔法工具。

技巧1：使用网格形成作文纸

在语文教学过程中，为了训练学生良好的书写习惯，往往需要像作文纸一样整齐划一的版面，以便在书写时保持页面的工整美观。这时可以使用交互式电子白板提供的网格功能，自动绘制格式、颜色、粗细不同的网格，让书写有"格"可依。

如果选择只显示横格线，并配合直线功能，还可以划出五线谱，用于音乐教学。还可以画出英文书写所需要的四线格，在低年级学习英文或拼音书写的时候都可以派上用场。

技巧2：根据教学内容定制模板

交互式电子白板的白板可以插入图像，建立与课文内容高度统一的背景，给学生一种与教学内容浑然一体的感觉。如梁晓波老师在讲授《曹刿论战》一文时，设计了一个插入古代人物的模板，教师的板书和课件播放都在这个统一的背景下进行，取得了不错的效果。

技巧3：巧用拖曳缩放探究规律

拖曳、缩放、翻转等是交互式电子白板的基本功能，看起来简单，但如果运用得当，能把复杂的教学内容化繁为简，有助于重点难点的突破。比如何英老师在教《美术字》一课中，没有直接告诉学生美术字应该遵循的原则，而是出示几种不同的写法，让学生来判断，哪一种写法更美观，并让学生在白板上操作，利用白板的拖曳、缩放功能，不断改变字体的偏旁大小和位置，优化字的结构。如"晨"字，可以通过对"日"部和"辰"部的拖动和缩放，共同探讨"晨"的写法，体悟"晨"的美感，如图3-1所

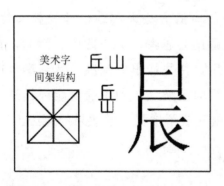

图3-1 对"晨"字的"日"和"辰"进行拖动和缩放

示。学生在自主探究、动手实践中充分理解了美术字"上紧下松、争让穿插"等原则。这些见解是在学生观察的基础上,通过大脑自主思考出来的。这要比教师的平铺直叙效果更直观,印象更深刻。

在讲《静物的构图》这一课时,何英老师通过对单个静物的位置改变和排序,展现"三角形构图"、"梯形构图"等不同的构图形式,非常直观、形象、生动,如图 3-2 所示。

图 3-2　展现不同的构图形式

技巧 4:制作神秘分类游戏

于聂老师分享了一个制作神秘分类游戏的办法。利用对象"锁定"功能,用图片覆盖待分类的文本对象。比如,现在需要判断一堆名词是不是可数名词,将它们分拖到不同的列下。

制作方法是:

(1) 在活动挂图上添加标题,用图形工具绘制平行与垂直的交叉线,添加文本 countable 和 uncountable。

(2) 在活动挂图上不断添加文本,将需要操练的词添加到页面上,文本堆叠在一起,如图 3-3 所示。

(3) 从资源库中拖曳一张食物的图片,遮挡住所有的文本。

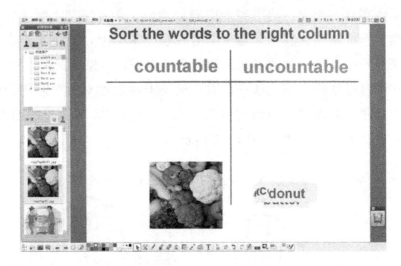

图 3-3　教学游戏

（4）单击食物照片，在操作浏览器中选择"锁定"，目标为食物照片，单击确定，应用修改，如图 3-4 所示。

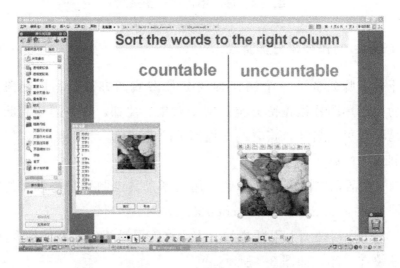

图 3-4　教学游戏制作过程

课堂演示　请一名学生到前面，从图片后拖曳词汇，让下面的学生归类，放置到不同的归类栏里。该学生可以不断从图片后拖曳出词汇来，神奇的效果一下子吸引了其他学生的注意力，他们急切地想要知道后面隐藏的词汇，因而极大地激发了学习热情。

由于白板提供了一对一的链接功能和前置、后置、隐藏等多项对图像对象的组合功能，给教师提供了无限的组合空间，而且不用拘泥于前后顺序，教师可以根据课堂情况随时调整，自由发挥。

还可以应用白板工具中的"容器"设计分类活动，在试图将对象放入容器时，不符合选定标准的对象均被拒绝。"容器"就是可包含其他对象的对象。这时需要对文本对象和容器对象都进行属性设定，使其匹配，并可以设置激励声音，比如，放对了，就说"对了"；放错了，给一个沮丧的声音。

有些厂商的白板软件系统具有强大的课件开发功能，可以无需编程就实现动画效果，值得探索尝试。

3.2　白板与软件结合的教学技巧

交互式电子白板作为一种平台，可以和各种多媒体、软件轻松链接转换，使得原有的教学资源都可以继续利用，比如 PPT、Flash、画图、几何画板、MPLAP 等制作的教学资源都可以借助白板呈现；它所包含的四种模式（控制、窗口、注解、全屏）可以便捷地切换；它的各种工具都可以在浮动工具栏中自由设置，能够极大地满足使用者的需要，使教师脱离鼠标的桎梏，直接在白板上操作，轻松自如地全身心融进课堂教学。

3.2.1 网页浏览器

交互式电子白板不仅是一套硬件设备，在教与学整个过程中它还是个平台，这个平台的最大作用是对资源的整合。网络资源是其中非常重要的部分，脱离了网络环境，交互式电子白板所呈现的资源就会缺乏时效性，而一旦连上网络，整个课堂就会丰富多彩，可以在学生面前展现前沿科技，展现最具有说服力的素材，就像打开了一个取之不尽的宝库。

在需要的时候交互式电子白板可以访问网络资源。比如谭立鹏老师在信息技术课上讲到"信息论"创始人克劳德·香农时，用手指一点白板上的"香农"二字，马上就打开了介绍这个人物的"维基百科"网页，这是因为谭老师事先在备课的时候做好了链接，谭老师还趁机介绍了为什么选取这个网站的内容，延伸出怎样选择内容可信度高网站等信息素养话题。确实，优秀的教学就是这样在点滴之中让学生处处留心积累学问的。

网络的最大好处就在于它的时效性。在当今日新月异的社会，要想获得最新、最实时的资讯，网络是一个非常好的媒介。在课堂上引入网络资源并不是什么新鲜的话题，但是"交互式电子白板能够上网"这个功能往往会将课堂的教学意外变成教学的契机。有一次，谭老师让学生分组上台介绍组装机配置方案，当时下面一位同学对一款CPU的价钱有疑问，课堂上引起了争执。这时谭老师随机应变，立即让学生在白板上打开网络，找到那款CPU的最新价格，以事实解决争执，并以此事教育学生："两位同学的报价都没错，问题出在报价的时间上，现在的计算机配件价格一天一个样，要想获得最具性价比的电脑，就必须经常看报价且货比三家。"

交互式电子白板让老师提高了课堂应变能力，及时消除了学生提出的学习问题，真正实现了以学生为中心的教学。

3.2.2　网　络　论　坛

一个完整的教学过程应该包括课前、课中、课后三个部分。在传统的教学方式中，教师课前准备与学生的课前预习、教师课后批改作业与学生的课后复习，这两个过程教师与学生是分离的，这就造成了学生学习过程的不完整，教师也无法做到一对一的及时辅导。而网络和交互式电子白板的组合为我们很好地解决了这个难题：课前，教师可以把准备的课件放在网上或论坛里，学生可以提前预习，事先了解这堂课要学什么，并提出自己的疑问；课中，教师有针对性地讲解，并利用交互式电子白板保存生成的课件，存放在网上；课后，学生利用课堂上保存的课件进行复习，并在网络论坛里提出疑问并发表看法，教师也可以有针对性地解答学生的疑问。此过程涵盖了教与学的整个过程，让教师可以关注到每个学生，可以进一步因材施教。

网络和交互式电子白板组合对教与学过程有着开创性的作用，在使用交互式电子白板的课堂教学过程中合理地融入网络，不仅可以大大扩展课堂容量，大大丰富课堂资源和内容，还可以促使教师融入学生学习的整个过程，进而关注每位学生的学习，促使学生养成终身学习的好习惯。

3.2.3　画　图　软　件

在美术教学中有时会用到 Windows 中的画图软件。学生大多会操作这个软件，但是以往用鼠标操作太麻烦，不能像在纸上画画那么随心所欲。借助交互式电子白板，只需直接打开画图软件，投影在白板上，学生直接用手指或白板笔就可以在白板上操作，比起用鼠标画画，可以说是挥洒自如，效果也要好很多（如图 3-5 所示）。

图 3-5　白虹老师的学生的作品

另外,国产软件金山画王中的画笔丰富,粗细、力度、颜色都可以随意选择,结合白板笔的操作,画画更是自由,特别适合低年级的孩子(如图 3-6 所示)。

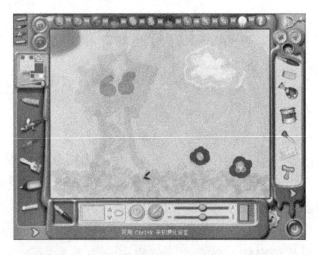

图 3-6　学生使用金山画王制作的作品

3.2.4 Microsoft Word

平常老师积累的题目都是用 Microsoft Word 保存的。在上习题课的时候，老师可以直接用习题的 Word 文档电子版，通过白板转换功能，圈画重点，在白板上进行讲解，省去了制作 PPT 的麻烦（如图 3-7 所示）。借助幕布、刮奖刷等功能，还可以增加教学过程的趣味性。

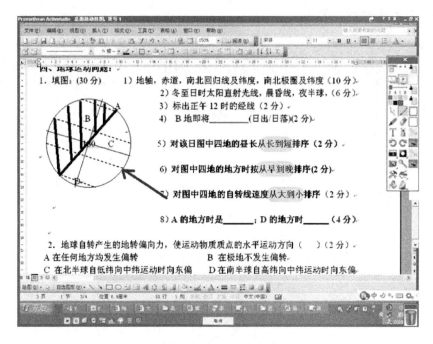

图 3-7　用 Word 文件复习

有时候一些教学活动要求学生课后分组研讨，将成果写成文章，对于在课后完成的任务也可以在课堂上直接进行展示。

类似地,微软 Office 中的其他软件也都可以如常使用,并可作为背景,在其上进行白板的交互性操作,比如加注释、划重点等。

3.2.5 思维导图

思维导图,又叫心智图,是表达发散性思维的有效的图形思维工具,它运用图文并重的技巧,把各级主题的关系用相互隶属与相关的层级图表现出来,把主题关键词与图像、颜色等建立记忆链接,图3-8 为一个思维导图的样例。

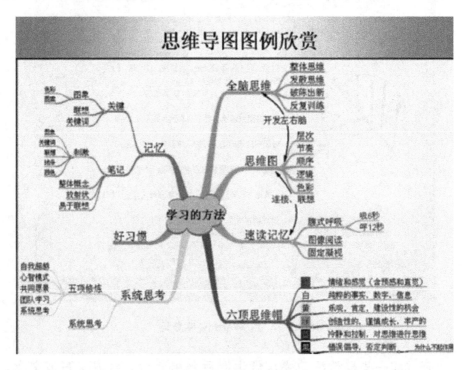

图 3-8 思维导图样例

在教学的不同阶段，使用思维导图工具可以达到不同的教学目的。下面分享的是陈晶老师在思想品德课上的一些做法。

(1) 预习阶段的思维导图有利于老师了解学生对本课知识的学习程度。

学生在学习过程中普遍存在一种偏差：只重视课堂上听课，课后完成作业，而忽视了课前预习。而课前预习却是学生学习过程的一个重要环节，它不仅能够提高课堂听课效果，而且能够培养自学能力、增强学习兴趣。比如，陈晶老师要求学生在课前用思维导图画出预习成果，上课的时候，用白板的实物展台功能，将学生制作的思维导图抓拍成图片，展现在全班同学面前，并利用交互式电子白板的书写功能，以及其他一些功能对其进行二次加工，形成生成性资料。通过分析学生的预习成果，老师可以很快了解学生对本课知识的学习程度，发现被学生忽视的关键知识点，从而进行有针对性的讲解，对症下药，既提高了课堂效率，也增强了预习的兴趣。

(2) 课堂讲授中使用思维导图有助于建立知识的整体性，节省教学和复习的时间。

例如：在初三《社会主义的经济制度》教学中，学生需要掌握的内容很多、很杂，怎样将这些杂乱繁多的小知识点联系起来，让学生能更快更好地掌握呢？思考后，陈晶老师决定在课堂中利用思维导图进行分析，利用电子白板数据库中的图片资料，对教学重点和难点进行标注和注释，利用电子白板的水笔书写功能对不同的知识点用不同的颜色进行强调和区分（如图3-9所示）。

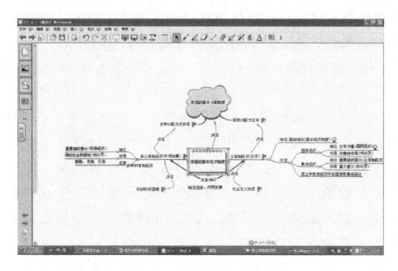

图 3-9 梳理教学知识点

在教学的过程中,教学板书是必要的,也是必需的。就如上例《社会主义的经济制度》的教学中,教师的思维导图分析就可以作为当堂的课堂笔记。这样的笔记都是由关键词组成,节省了老师书写的时间。学生在进行学习和复习时,翻阅笔记时也会因为纲目清晰、重点文字色彩突出,而节省复习时间。这种多重色彩、多维度的思维导图不同于单调烦人的线性笔记,更加符合大脑的运作模式。在课堂中制作的思维导图也可以利用交互式电子白板的存储功能,存储在教师自己的资源库中,成为一种生成性资料,在不断积累中更新、完善,成为教师教学中不可或缺的财富。

使用过思维导图的老师还发现:思维导图不仅可以协助教师在预备课程内容时思路清晰,令教师授课更具组织性及更容易记忆,而且可以使教师在教学中能更好地配合学生的知识掌握状况和需要,比如当学生有发问时,教师可灵活地在思维导图上处理问题,不会迷失在其他思路上,无论教师还是学生对所讲的内容印象会更深刻。

（3）在小组合作学习中使用思维导图整理学习成果，可以促进小组成员的共同思考。

有时候我们会要求学生以小组的形式共同创作思维导图，比如先由各人自己画出已知的资料或知识内容，然后将各人的思维导图合并起来进行讨论，最后重组成一个共同的思维导图，这张思维导图中包含了所有的知识要点，将提升小组成员的归属感及合作精神。接着将这份集体的智慧，利用交互式电子白板的实物投影抓取功能，进行全体同学的一次头脑风暴，共同思考和探究。在制作导图的过程中，学生可以进行无限次的讨论更改，不但有利于学生在整体上把握学科知识点，而且还培养了学生构建个人知识网络图的能力。这种学习方式也会鼓励和刺激学习的主观能动性，变被动学习为主动学习，从而把学习变成一种乐趣。

（4）在习题讲解中使用思维导图，可以发现知识漏洞。

教师在解析题目的过程中，可以用思维导图记录学生的阐述，将其中的要点词语记下，把相关的内容用线条和箭头连上，既方便学生理解，也方便教师发现问题、查找漏洞。

利用交互式电子白板的书写、拉屏、聚光灯、页面的无限扩展、记录器等功能，将课堂中的讨论和解析的过程记录下来，可以方便那些在课堂上接受力较差的学生在课后自我学习中使用。所以交互式电子白板和思维导图的结合，不仅关注全体学生，更能关注个体学生的发展，实现让每个孩子都能有所发展的教育目的。

（5）复习过程中，利用思维导图，提高复习效率，培养学生自主学习的能力。

课后的复习，将已知的学习资料或意念从记忆中以思维导图画出来，既能加深记忆，也能帮助学生自主建立比较完整的知识框架体系，对学习的内容进行有效的资源整合，使整个学习过程更加系统、科学、有效。利用思维导图进行课程的自主复习，会促成学生形成整体的观念和在头脑中创造知识的全景图，进一步加强对所学内容的整体把握，减少复习的时间，提高复习效率。

对于学生自主完成的思维导图，利用交互式电子白板的实物投影抓取功能，进行全班展示，并要求学生进行互评。这样的互动式教学策略，促进了师生间的交流与沟通，打破了传统的一言堂，同时也将课堂还给了学生。在交互式电子白板上使用思维导图的复习、评价过程中，学生为主体，教师作引导，可以充分发挥学生学习的主观能动性和创造天赋。教师的作用主要是进行积极正面的引导，并指导和回答学生在完成学习任务的过程中所遇到的问题。师生间可以比较自由地交流和沟通，让学生有更大的发挥自我的空间。

总之，"思维导图"和交互式电子白板结合的教学模式，有利于引导学生学会自主学习。这种教学模式是以学生为中心的，教师的备课则由以前的"备知识为主"改为"备学生为主"，教师要随时准备解决学生中出现的各种"突发事件"，这对教师也是一个极大的挑战。同时，这种教学模式能够明显地提高学生学习的积极性，受到了学生极大的欢迎。

3.2.6　Google Earth

传统意义上的地理教学主要使用地图、地球仪、图片等资源，而今天的地理课利用电子白板的相关功能与 Google Earth 相结合，可以让学生直观感受到大千世界的神奇。苏伊士运河、巴拿马运河不再是枯燥抽象的地名，随意点击白板，我们就能看到它们的近景与全貌，如在巴拿马运河上空，透过白色的云层不仅看到了笔直的运河，还看到了河上船只很小的影子,仿佛世界的一切都近在眼底。这样的课堂会令人向往!

葛琴老师在讲述麦哲伦环球航行路线时,事先在 Google Earth 上把上课需要的地名做好地标,边叙述麦哲伦环球航行的故事,边拨动地球,指出所途经的大洲和大洋,用工具栏中的工具笔在 Google Earth 上直接批注、勾画,这种真实再现环球航行路线的做法,让学生感受到了环球航行的艰辛。

轻轻拨动,玩转地球。这种教学方式带给学生强大的视觉冲击力,让学生直观地看到地球,亲手感受到地球的魅力,激发了他们强烈的好奇心——世界原来触手可及!

英国的 Tom 老师每天上课前都会打开 Google Earth,进入某个城市的街景,通过浏览,让学生猜这是哪个城市,让学生去说这个城市的风景名胜、历史典故,继而观看建筑的 3D 浏览图,让学生感受到世界的奇妙,每天从"哇!"的惊叹中开始新的一课。

3.2.7 学科软件

在交互式电子白板上可以运行各种学科软件,比如数学的几何画板、卡式几何,物理的仿真实验室、中学物理作图工具等。使用白板软件的标注、照相、对比等功能,可以将这些软件的教学功能发挥到极致。考虑到这些软件在交互式电子白板上的用法有一定的相似性,这里我们只以几何画板为例,说明学科软件与白板结合后的教学妙趣。

几何画板为目前中学阶段最为普及的数学教学软件，以其强大的作图、运算功能受到了中学数学教师的青睐。有关几何画板的功能我们就不在这里赘述了。下面提供一些小的案例，说明如何在白板上使用几何画板，以实现一些教学改变。

在中学数学教学中有一节内容是二元一次不等式（组）和简单的线性规划问题。在讲解二元一次不等式组所表示的平面区域时，可以在白板中运行几何画板程序。我们可以在平面直角坐标系中画出任意一条直线，然后在平面直角坐标平面内任取出一点，用几何画板计算出该点的横坐标和纵坐标，然后利用白板的笔拖动这个动点，观察值的变化情况，我们会发现在直线的一侧，值的正负不发生变化，如图3-10 所示。

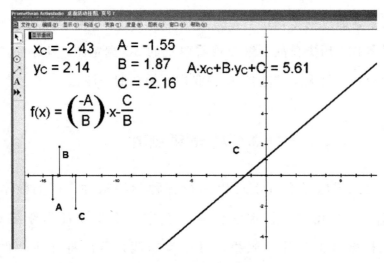

图 3-10 几何画板探究一

当点到直线的另一侧时，值的正负会发生变化，如图 3-11 所示。

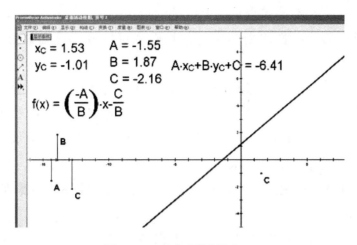

图 3-11　几何画板探究二

我们利用白板的拍照功能，将在几何画板中呈现出来的两组不同的情况放在一起进行对比，请同学来总结二元一次不等式表示的平面区域。我们再次调整直线的位置，再次观察点的变化对值的影响，如图 3-12 所示。

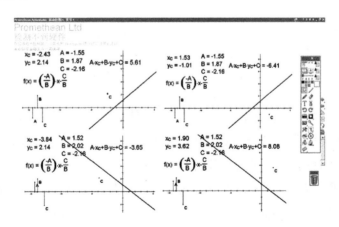

图 3-12　在对比中找规律

这样学生经历了由数到形的变化情况，同时又从形中给予总结，形成了二元一次不等式表示平面区域的规律。

在讲解简单线性规划问题时，我们也可以利用几何画板来实现，如下例。

例 某工厂有甲、乙两种产品，已知生产甲产品 1 吨需煤 9 吨，电力 4 千瓦，劳力 3 个（按工作日计算）；生产乙产品 1 吨需煤 4 吨，电力 5 千瓦，劳力 10 个；甲产品每吨价 7 万元，乙产品每吨价 12 万元；但每天用煤量不得超过 300 吨，电力不得超过 200 千瓦，劳力只有 300 个，问每天各生产甲、乙两种产品多少吨，才能为国家创造最多的财富。

解：设每天生产甲产品 x 吨，乙产品 y 吨，总产 z 值，依题意约束条件为

$$\begin{cases} x \geq y \geq 0 \\ 9x + 4y \leq 300 \\ 4x + 5y \leq 200 \\ 3x + 10y \leq 300 \end{cases}$$

目标函数为 $z = 7x + 12y$

我们首先做出二元一次不等式组 $\begin{cases} x \geq y \geq 0 \\ 9x + 4y \leq 300 \\ 4x + 5y \leq 200 \\ 3x + 10y \leq 300 \end{cases}$ 表示的平面区域，

然后做出一条与目标函数 $z = 7x + 12y$ 对应的直线平行的直线，在直线 $7x + 12y = b$ 上任取一点，使得该点永远在二元一次方程组表示的区域内。平行拖动该直线，我们就可以让学生观察什么时候目标函数取得最大值，什么时候目标函数取得最小值，如图 3-13 所示。这样，让学生所见即所得的发现，比起我们用尺子在黑板上移动要来得直观、形象。

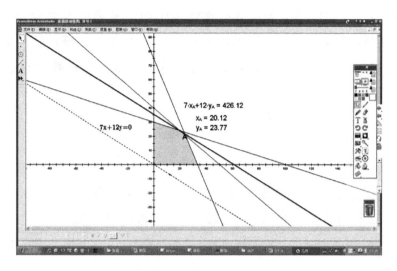

图 3-13　白板支持的探究

以上举的只是几何画板与交互白板相结合的一个简单应用。我们可以利用几何画板强大的数学功能,利用交互白板的及时呈现功能,将教学的方式由原来的灌输式变革为发现式,这样既可以提高课堂的时效性,也可以提升学生的总结能力。

3.3　本 章 小 结

由于交互式电子白板强大的兼容性,它几乎能够和所有的常见教学软件进行无缝链接,所以我们在使用交互式电子白板时,经常会把它和一些教学软件结合在一起进行使用,利用教学软件的直观教学优势,结合电子白板的标记、照相功能,提升课堂的探索效率,让学生更好地领悟学科精髓。

在使用交互式电子白板与其他软件相结合时,教学的整体设计是非常重要的。在以学生为主体的课堂讲学中,教学的生成性和对学生的关注度需要不断加强,教学要有意识地从教师的讲授式转变为学生的探究式。在下一章中我们将重点分析交互式电子白板教学的流程。

练 习 题

1. 应用电子白板的拖曳功能设计一个互动游戏。
2. 应用透视镜,设计一个教学环节,做猜词游戏。

第四章　交互式电子白板教学过程分析

成功的教学都具有类似的特征，无论采用的是什么技术，使用的是什么设备。一堂好课一定是经过精心设计良好组织，有着清晰的学习目标和明确的教学产出，通过一个接一个精心设计的教学活动，帮助学生建立新知与旧识的关联，促进记忆和理解。

一堂课通常包含如下的教学环节：

（1）课堂导入环节。通过一些活动让学生进入学习状态，并简要介绍这堂课的内容和目标。

（2）新知识讲授环节。通过各种方式介绍新内容，主要为全班性活动。

（3）练习消化环节。采用多种教学活动让学生练习掌握，巩固新学知识。

（4）总结回顾环节。及时总结所学内容，帮助学生融会贯通。

这些教学环节是优秀课堂的基本要素。使用交互式电子白板，可以让上述各环节中的教学活动变得更为生动有趣，能吸引学生积极参与，促进学生的知识建构。

在本章中，我们将通过具体的课例，介绍各个环节可以采用的一些活动形式。需要注意的是，尽管教学活动可以做得非常花哨，但是一切都是要为教学服务的，不能失去根本。老师在教学中还是要发挥主心骨的作用，而且老师们的创作力是巨大的，绝不限于这里列举的有限的活动形式。

4.1 课堂导入环节

课堂导入是教师在一个新的教学内容或一个教学活动开始时，为了让学生预见教学目标、教学内容以及教学方式，引导学生做好心理准备和认知准备的一种教学行为。

教师可以利用交互式电子白板的动态特点设计一些生动的开场活动，这些活动通常要达到三个目标：

(1) 集中学生的注意力，比如尽快地让学生从课间休息状态进入上课学习状态。

(2) 帮助学生温习、回想以前所学的内容，为掌握新学内容奠定基础。

(3) 激发学生的学习兴趣，明确教学目的，便于学生自觉调节自己的学习心理。

在导入的时候，一是要重视导入内容，无论是复习以往的知识，还是引入待学的知识或介绍背景知识，都要求是高质量的、具有迁移性、含金量高的内容；二是要推敲导入方式，一定要有启发性，能使学生从"无疑"到"生疑"；三是要明确导入的目的性，不可以做那种花哨但对课程教学目标没有多大贡献的活动。

下面介绍几种常见的导入活动方式。

4.1.1 运用音视频素材营造教学气氛

运用音视频素材营造教学气氛是国内老师经常采用的教学策略。特别是当课程内容发生于特定的历史环境下，与学生生活的环境有较

第四章 交互式电子白板教学过程分析

大的差距时,老师教学时往往会利用电视剧片断、纪录片、新闻报道或者图片集锦等做背景介绍,让学生透过背景去理解课文。也有的老师发现现在的学生大多是视觉型学生,所以他们认为,多用视觉材料,用学生熟悉的生活镜头解释现实生活中的问题,也会取得很好的效果。

课例 4-1. 语文课

【教学内容概述】

教学内容为《水浒传》中的一段"鲁提辖拳打镇关西",教学目标为:学会分析重点语句,体会人物性格,读出作品意旨;学会提炼文章精华,抓住重点段落,读出自我感悟;学会辨证地看待鲁提辖的行为及《水浒传》的意义与局限。

【教学过程概述】

在上课一开始,黄丽老师以"中国古代有许多路见不平拔刀相助的侠客"作为引语,点击白板让学生观看电视剧《水浒传》的片头部分。随着《好汉歌》音乐的响起、画面的展开,教师拉开了这堂课的序幕。学生从《水浒传》激昂的歌声中,也变得激情昂扬。教师白板笔一点,画面停止了。"路见不平一声吼,该出手时就出手"唱的是梁山好汉,写梁山好汉的是什么著作?对,《水浒传》。请学生谈对《水浒传》的了解,接着再

图 4-1 语文课导入

轻点白板,将有关《水浒传》的详细资料展示出来,让学生朗读,从而加深了解(如图 4-1 所示)。

课例 4-2. 历史课

【教学内容概述】《全民族抗战兴起》

【教学过程概述】

古犁老师在上《全民族抗战兴起》一课时,将音乐《大刀向鬼子们的头上砍去》和有关国民革命军 29 军将士英勇抵抗誓死捍卫卢沟桥阵地的场面在课前导入白板。开始上课时,以此作为新课情境导入,一下就将学生们带回到"七七事变"爆发时的特定历史场景和历史氛围中,激发了他们的积极情感,让他们在情理交融之中领悟道理,完成由情入理的深化。

课例 4-3. 科学课

【教学内容概述】

这是初三的物理课,要求学生解安全用电的知识。理想的教学环境是在机房上课,学生至少每两人一台电脑。

【教学过程概述】

上课一开始,老师先在白板上播放一则电视新闻,说的是当地一个渔民买了电动机改造了一条渔船,在行驶过程中电机掉到水里了,他奋不顾身跳入水中去抓电机,不幸触电身亡。看完新闻后,老师让学生分小组,每组贡献三个有关安全用电的问题供全班讨论。老师将问题写在黑板上,组织学生讨论,然后将学生分成小组,每组去钻研其中的问题,老师还会推荐若干网站供学生参考。在学生进行分组探究的时候,老师会在白板上设置一个倒计时时钟,提醒学生注意时间,不要在网上看无关的信息。学生将找到的信息内容及信息出处记录下来。老师还提醒学生要关注信息的来源、质量、可信度，在后续的讨论中，学生提出自己的论据和观点时，都需要解释这些数据的可信度。

思考题：通过白板访问网站，向学生显示网上信息，会对学生产生什么影响？开展这种教学活动需要注意什么？

4.1.2 通过测试类活动促进温习

复习类教学活动是为下一步教学奠定基础，一方面可以促使学生回忆，对已知内容进行强调，一方面也会通过复习拓展知识面，提升学习能力。通常老师们会用各种测试手段帮助学生温故知新，或者采用类比或对比的方法。

课例 4-4. 语文课

【教学内容概述】

这堂课学习鲁迅的《祝福》，要求学生体会课文中刻画人物的用词。

【教学过程概述】

在第二堂课导入时，老师要求学生复习《祝福》中刻画人物的用词。老师先在计算机上打开一个文件，在白板上显示两个圆，一个圆中写上"祥林嫂"，另一个圆中写上"鲁四爷"，圆圈外写了一些描述人物的形容词。请学生用白板的拖曳功能，将与祥林嫂特征相似的形容词拉入"祥林嫂"圆中，将可以用来描述"鲁四爷"的形容词拉入"鲁四爷"圈中。当学生做完分类后，老师组织学生就分类结果逐一讨论，并有意识地提醒学生想出一些同义词，解释不同的词汇适用的场合。讨论结果可以保存。

思考题：这个活动也可以用在课堂的总结环节。请设计一个在课堂总结环节采用此类活动的场景,并根据教学内容提出更多的活动问题,以促进学生回忆课堂所学。

课例 4-5. 历史课

【教学内容概述】资产阶级革命

【教学过程概述】

英国资产阶级革命、法国大革命、美国独立战争是同一个单元的带有资产阶级性质的革命,复习时就可以设计表格进行比较复习。在这里可以充分运用电子白板的小幕布或刮奖刷的功能。教师设计一个英法美三国资产阶级革命比较表提前导入,用小幕布或刮奖区遮盖表格中原因、标志、重要文件、成果、领导人、影响等需要比较的内容,让学生复习概括后逐一拉开或刷出答案。这样既免除了教师在画表、填答案上浪费的时间,又做到了在有限时间内尽量复习完三课重点,节约出来的时间教师还可以进行不同题型、不同难易程度的习题训练,使学生将这单元的重点知识和做题训练有机结合起来,实现了大容量、多层次、多角度的综合复习。

4.1.3　通过专业性作品激发探究兴趣

这种导入活动通常用于新知识的呈现,用专业的作品或生动形象的问题情境,以及有违常规的现象,引导学生产生认知上的冲突,激发学生强烈的问题意识和探究意识。

课例 4-6. 信息技术课

【教学内容概述】

这是初一学生的信息技术课,要求学生模仿艺术家 Kurt Schwitters 的拼接画风格，用软件设计制作一幅拼接画。

【教学过程概述】

老师事先在网上找到两幅 Kurt Schwitters 最有名的粘贴画，保存为白板可用的文件。在导入活动时，采用白板的"zoom"机制带着学生观看每幅画的细节，然后组织学生分组讨论：他是如何将废旧材料碎片分成组，再构成一幅画的；他爱用哪些绘画元素，常用的拼接技术有什么特点，再让每组的代表走上讲台，在白板显示的图片上标注他们的发现。将讨论结果保存，留待学生设计拼接画的时候作为参考资料。

思考题：在这个导入活动中，教师使用了交互式电子白板的哪些功能？至少列举两个。

课例 4-7. 物理课

【教学内容概述】电磁场

【教学过程概述】

磁场是初中物理中较为抽象的概念，它看不见、摸不着但确实存在，在交互式白板教学中，教师可以先播放一段磁力陀螺的视频，并提出问题，激发学生思考：是什么物质将陀螺推起，从而引出磁场的概念。这种有悖常理的现象会极大地吸引学生的注意力。

4.2 新知识讲授

新课的设计和单元复习课的设计有所不同。新课的讲授是为了让学生了解未知内容，通过学习掌握知识点，传统的课堂容量相对小，但是使用交互式电子白板后，就有可能在深度上或者综合性方面有所加强。在新知教学中，需要注意的是要给学生时间，让他们讨论或展示他们学到了什么，在巩固新学知识后再学下一个新知识。

交互式电子白板非常适合引入新知识，老师可以实现将上课所需要的材料放入计算机，在需要时调出，可使教学非常流畅，也容易控制教学节奏。

4.2.1 立体呈现教学内容

使用多媒体资源，教师需要根据教学内容特点和学生特点，为学生提供感性材料以指导学生观察、分析、归纳。捷克教育家夸美纽斯曾建议："一切事物都应该尽量地放到学生的各种感官面前。"中小学生的思维正在由形象思维向抽象逻辑发展，需要有具体、直观的感性经验来支持。在使用媒体的时候，特别要注意的是所采用的媒体与教学目标达成的关系，不要误用或滥用，另外一定要指引学生观察，要让学生领会老师的用意，而不要被旁枝末节牵引了注意。

课例 4-8. 英文课

【教学内容概述】

莎士比亚名著《哈姆雷特》

【教学过程概述】

老师事先在网上找到《哈姆雷特》剧本的英文电子版文字，然后请学校的电教人员根据教学进度安排将《哈姆雷特》原版电影录像裁剪为多个片断。上课的时候，老师在屏幕上显示剧本文字，将疑难句式用颜色笔标记出来，并进行讲解，讲解完一段后，就立即在文本旁边播放该段对应的电影视频。视频播放的过程中可以随时中断，进行解释，还可以在白板上标记解释。

思考题：在你所教授的课程中，找出适合采用视频内容辅助的一个知识点，并设计教学场景。

类似地，一些模拟实验，学生需要反复观察，反复思考，才能获得知识，留下深刻的印象，这样的知识点也适合采用这种播播停停、讲讲想想的教学方式。

课例 4-9．物理课

【教学内容概述】热功率

【教学过程概述】

讲解汽油机、柴油机的工作原理时，需要教师将相应的 Flash 插入交互式白板中，并采用局部放大、暂停、慢动作等方式，为学生提供鲜明的视觉信息，让学生全面观察后再反复观察各个冲程，这样做可以取得良好的教学效果，如图 4-2 所示。

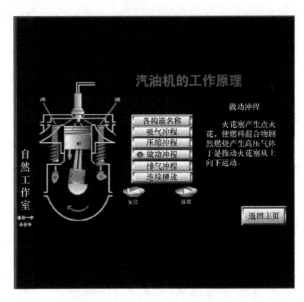

图 4-2　汽油机原理演示

交互式电子白板的课堂体现了以人为本的理念，较好地适应了课堂上教师"边走、边说、边写"的行为习惯，建构了类似传统的"黑板＋粉笔"的教学环境，教师利用交互式电子白板的多媒体资源展示优势和其课堂交互性、生成性特点，改变了传统的"板书＋讲解"的教学行为，弥补了播放 PPT 教学不灵活的一些缺憾，弱化了课堂的预设性，增加了教学的趣味性，如果能够善加利用，学生的学习兴趣、学习效率、学习主动性将不同以往。

4.2.2　用层层提问推进思考

课堂教学是新课程改革实施的核心环节，而课堂提问又是课堂教学的关键所在，如果能够在教学中科学地设计并进行课堂提问，就能优化课堂结构，真正发挥教师的主导作用和学生的主体作用，从而达成教学目标。

课例 4-10. 历史课

【教学内容概述】
华东师大版八年级上册第 12 课《民族危机空前严重》
【教学过程概述】
讲"九·一八"事变，传统的设问方式是一种知识性的提问设计：19 世纪末，日本帝国主义对中国发动过哪一场大规模的侵略战争？对中国造成了什么危害？这个问题有些大，有些笼统，学生不容易回答，主要靠教师解释。

为此，古犁老师将其设计为层层剖析式提问法，设问：

（1）在中国近代史上，日本在 19 世纪 30 年代前已侵占过中国哪些领土？

(2) 日本为什么选择在 1931 年发动侵略中国的"九•一八"事变？

(3) 为什么说"九•一八"事变是蓄谋已久，精心策划的？

(4) 为什么东北地区仅四个多月就全部沦丧？

(5) "九•一八"事变对中国社会带来了什么影响？

题目细化后，深度也增加了，使学生最后明白了这是 1840 年以来，中国的领土主权和经济利益一次最大的损失。东北成了日本 14 年的殖民地，是中华民族历史上悲痛的一页。由此激发了学生强烈的御辱雪耻的心情，对中日矛盾上升为中国社会的主要矛盾也一下子理解了。这种层层引导的提问方式可以训练学生掌握历史分析的基本方法，激发学生的学习兴趣，提高学生的思辨能力。

教学时可以借助电子白板的拉幕功能，先遮住题目和参考答案，引导学生思考、回答问题，然后逐一拉开幕布，层层展示出剩余的问题和答案。

4.2.3 在探究中找出规律

使用发现式教学法，必须注意要让学生在老师提供的思维框架下去发现、归纳，而不是漫无边际，随性而言。

课例 4-11. 校本研究型学习课

【教学内容概述】

这个单元的课程是让学生认识各类建筑，单元结束的时候，学生要自己设计一个建筑模型。学生在之前的课上已经看了一些有名的建筑图片，还看了一些建筑物的内景纪录片，体会了走廊、门窗、材质、空间规划等设计细节。

【教学过程概述】

这堂课是这个单元的第三堂课，老师首先在白板上呈现当地有名的三个建筑的图片，这三张图片呈三角形方式排列。

老师请学生两两一组，花两分钟时间，找出这三个建筑物两两共同而第三者不具备的特点。要求学生用前面课上学到的思维视角和术语来进行分析，比如外观形状、材质、组成等。为了控制讨论进度，老师在白板上显示了一个倒计时时钟。

两分钟后，老师请一个学生上台，在白板所显示的图片三角形一边上标记并解释他们的发现，然后请下一个同学上台。完成三边的标注后，老师会请其他学生进行补充发言。

然后，老师介绍了一些模型制作方法，鼓励学生在开始动手制作之前，讨论交流不同的建筑形式带来的不同感受。为了促进学生采用专业思维，进行更为深入复杂、有意义的思考和讨论，老师还在白板上写下了若干引导设计思路、推动作业进展的思考题和一些资源网站。

课例 4-12. 历史课

【教学内容概述】

"三大战役"事实型知识的学习，没有讲的必要，但只让学生看，学生又没有印象，所以采用活动方式较合适。

【教学过程概述】

利用预先导入白板的三大战役比较表，呈现给学生需要比较的内容：时间、指挥者、参战部队、战果、意义等。然后启发学生通过自学看书分析讨论找出答案，并请学生上台用电子笔完成讨论结果，最后教师点评答案，给优秀者以表扬。这个办法既生动活泼，又激发了学生的学习热情。

课例 4-13. 数学课

【教学内容概述】

向量运算法则

【教学过程概述】

卡式几何是我们在讲解向量时经常使用的一种软件，因为它对向量运算的支持得到了很多数学老师的喜爱。

在我们讲解向量的加法运算时，通常情况下，会选择利用运动的合成来作为引入，我们可以直接在白板中调用卡式几何程序。在卡式几何中用白板的触笔点击图形菜单，选定 vector（向量），在卡式几何中画出一个向量，然后从第一个向量的终点再画出一个向量，如图 4-3 所示。

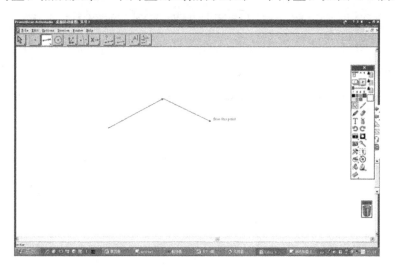

图 4-3　卡式几何向量运算

然后点击运行菜单，如图 4-4 所示，选择 vector sum 命令，就可以求出两个向量的和。

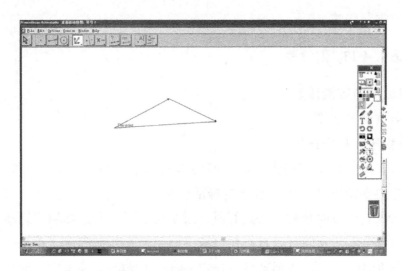

图 4-4　卡式几何向量运算

利用白板的拍照功能，将图片截取下来，如图 4-5 所示，放在一起让学生自己总结向量加法的三角形法则。用同样的方法可以让学生总结向量加法的平行四边形法则。

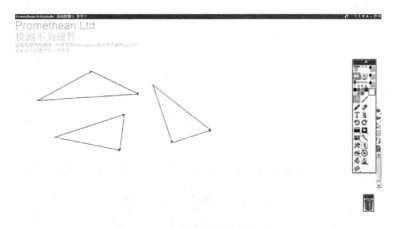

图 4-5　向量运算规律探究

我们可以根据教学内容的不同特点，利用卡式几何的其他强大功能，来将预设性的课堂变为生成性的课堂，提高学生的参与度，激发学生的学习兴趣。

4.2.4　在举证中产生见识

课例 4-14. 校本研究型学习课

【教学内容概述】

这堂课的教学目标是培养学生收集证据，形成论点，学会为自己的观点进行辩论。话题是改造校园环境。教学对象是初一学生，他们刚入学不久，还不太熟悉校园。

【教学过程概述】

老师事先将学校的平面图扫描到电脑中，还用数码相机拍摄了几幅校园景点照片。上课后，老师首先请学生谈谈对校园的印象，这些评价都写在黑板上，并保存下来，留着以后使用。

然后，老师打开他事先准备好的校园平面图和校园照片，将其中一幅校景照片拖曳到平面图上的对应位置，向同学阐述他对这块校园设计的评价，喜欢什么，不喜欢什么，为什么。照片提供了支持其观点的具体证据，老师一边想，一边说，同时在图上标识出他希望怎么改进，这么修改后会满足学校师生的哪些需求。如果有些观点没有特别强的支持数据，老师也会修正他的修改方案，或者说这只是他的看法，别人也不一定要同意。老师用这种大声阐述思考过程的方式，向学生示范应该怎样开展后续的学习活动。在示范了几处修改之后，老师邀请学生上台来对同一幅校景提出修改建议，并在图上标注。通过这种方式，老师可以了解学生是否明白了老师的意图，是否掌握了游戏规则。

当老师确定学生已经明白了要怎么做之后，就可以将学生分组，每组分别分析校园的不同区域，老师要求学生一定要收集论据说明为什么喜欢，为什么不喜欢，并鼓励学生采用多媒体手段做更有说服力的阐述。在下堂课中，会由各小组向全班汇报校园规划改进建议。

思考题：白板的保存功能会给你的教学活动设计带来什么变化？举两个例子说明。

4.2.5　在辩论中形成观点

课例 4-15. 品德课

【教学内容概述】

教学目的是让学生了解一个人在其生长的不同阶段具有哪些不同的法律权益。教学对象是高一学生。

【教学过程概述】

刚开始上课时，老师请同学们猜猜今天的话题是什么，她在白板上显示的第一页有几张图片，老师用遮光幕功能，一次只显示一张照片，学生分组猜这张图片的用意是什么，老师把学生的看法写在图片附近。当所有图片都展示之后，老师帮助学生归纳出这堂课的教学目标。

然后老师翻到第二页，进入第二项教学活动，在这页上列出了一些活动，如"纹身"、"考驾照"、"公民投票权"、"骑摩托车"、"结婚"、"吸烟"、"喝啤酒"、"用信用卡买东西"。请学生用拖曳功能，将16岁可以做的事情拉到"16岁"标签下，将17岁可以做的事情拉到"17岁"标签下，将18岁可以做的事情拉到"18岁"标签下。然后，老师带着学生一起讨论以下问题：学生是否了解有关的法律规定？为什么国家要制定这些法律？法律确定的年龄界限是否合适？哪些法令可以修改。学生分组讨论，最后把每组讨论的观点在白板上标注出来，再集体讨论这样的修改是否合适，如果修改了法令，会产生什么影响。讨论的结果保存下来，供下次课使用。

此类活动可以被各个年龄组的学生参与的各种专题活动所采用。另外，需谨记：任务中的提问技巧至关重要——提问不仅仅在于测试学生是否知晓答案，更重要的在于如何得出这个答案。

4.2.6 在模拟中传授规则

课例 4-16. 体育课

【教学内容概述】篮球规则

【教学过程概述】

学生都打过篮球，但是很多学生未必清楚篮球的游戏规则以及进攻策略。老师用交互式电子白板画出一张篮球场图，然后请两个学生模拟敌对双方，当一个同学在图上改变己方一个队员的位置变化时，另一个同学用拖曳的方式标出另一方队员的位置变化。老师借机解释每个队员的角色以及他应处的位置，通过这样的方式，让全班同学直观地了解游戏规则。其中的一些战术变化可以保存下来，打印给学生，便于他们在实际场地练习的时候排演。

可以想象，这样的教学方法适用于各种球类规则的传授。

4.2.7 用软件辅助教学

使用交互式电子白板，老师在课堂上使用各种软件辅助教学更为方便，无论是知识的阐释还是推理的探究，都更为生动、有效。

课例 4-17. 生理课

【**教学内容概述**】透镜原理

【**教学过程概述**】

在课程导入的时候，老师在电子白板上显示一个图片，并提出问题：他为什么戴眼镜？学生有的说近视，有的说远视，有的说老花，有的说弱视。老师将"近视"、"远视"写在交互白板上，表示这节课与此相关。

老师打开一个软件，上面有眼睛结构图（如图 4-6 所示），可以操作眼睛晶体的厚薄观察光线落在视网膜上的情况。每次变化，老师都让学生用白板浮动的直尺做测量，并记录下来。老师解说什么是近视，什么是远视，怎么形成的。

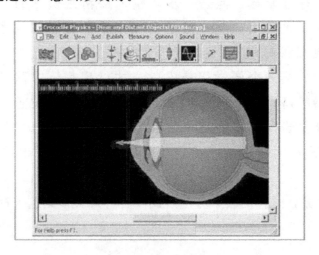

图 4-6　眼睛结构图

然后老师退出软件，打开一个白板挂图文件，上面画了一些眼睛图（如图 4-5 所示），让学生分辨哪个是近视，哪个是远视。这是在巩固学生刚学的知识。在确认学生掌握了之后，老师再次打开软件，开始让学生探究视力纠正的原理。学生可以通过替换不同厚度的透镜，观察视网膜上的成像来确定纠正情况，并做记录。

在下课前，老师将前面实验中的两幅典型画面呈现出来，请学生上来标注，以确认他们掌握了本节课的内容。

4.3 练习消化环节

4.3.1 根据参照物模仿练习

课例 4-18. 美术课

【教学内容概述】

这堂课的教学目标是培养学生分析艺术家描述世界的不同方式。之前学生已经观看了文艺复兴时期的绘画和立体派艺术家的作品。

【教学过程概述】

在这堂课的一开始，老师就在白板上展示毕加索的"吉他和小提琴"这幅画，并给每两位学生发一张纸，纸上有一张吉他照片，一张小提琴照片，请学生两人一组，在毕加索的画上找出吉他和小提琴的部件，然后上台标出各部件的位置、所使用的颜色，以及光线方向。

为了让学生了解不同的艺术家处理形状的不同手法，老师在网上找到了一些吉他和小提琴的图片，让学生到白板上，通过对这些图片的拖拉、裁剪、分层排列、叠加复制、调整色彩和明暗对比等方式，组合出立体派风格的图片。

在学生制作的过程中,老师及时总结立体派画风的特征,所产生的图片可以保存下来,放在共享区。学生可以参照这个过程完成课后作业。

4.3.2 提供学生展示的舞台

课例 4-19. 英语课

【教学内容概述】

学习国家类词汇,能够互相问答了解对方的姓名和国籍,能够介绍自己的朋友的姓名和国籍。

【教学过程概述】

备课时,老师从资源库中添加世界地图到活动挂图上,并将其"锁定",以免学生拖动人物时地图也跟着移动;添加人物图片和姓名并加以组合,添加音频,如图 4-7 所示。

图 4-7　将人物图片与姓名组合

教师请学生到白板前,点击录音。学生边听录音边拖曳人物到相应的国家上（如图 4-8 所示）。然后教师请两名学生到前面做成对问答练习，学生甲拖曳其中的一位人物问答：Where is Akiko from? 学生乙拖曳人物到对应的国家回答：She is from Japan.

教师再请学生假设自己是其中的一位，边拖曳人物边介绍：Hello, everyone. I'm John. I'm from England. And my friend Dimitri is from Russia. He likes dogs. ⋯

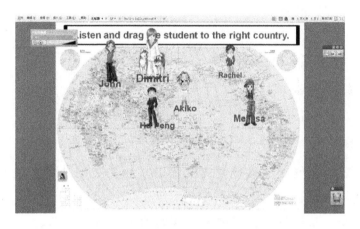

图 4-8　将人物拖曳到相应的国家上

这样的情境创设活动，学生乐于参与，能够调动他们的积极性，增加开口练习的机会。

4.3.3　用模拟软件预演实验过程

"仿真化学实验室"提供了一个虚拟的化学实验室。试管、烧杯、酒精灯、铁架台、烧瓶、锥形瓶、集气瓶、漏斗、导管等这些真实实验室中的器具，在仿真实验室中应有尽有。学生可以自由搭建实验仪器、添加药品，"仿真化学实验室"能智能地处理药品之间的反应，可以完全自由地搭建各种实验，例如制取 O_2、Cl_2、CO_2，把 CO_2 通入澄清的石灰水中；在 $CuSO_4$ 溶液中滴入 NaOH；用 H_2 还原 CuO；用 NaOH 中和滴定 HCl 溶液；分析醋酸钠的水解反应等。"仿真化学实验室"不但可以展示逼真的现象，还能提供准确的实验数据以供分析，如图 4-9 所示。

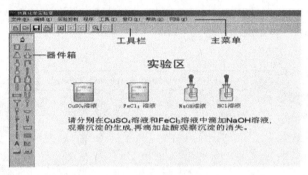

图 4-9 "仿真化学实验室"工作界面

下面就以氢气还原氧化铜的实验以及相关数据处理来说明该软件的具体使用方法：

第一步。从软件工具箱中取出实验所需的各种仪器。

第二步。将仪器按实验要求组装成反应综合装置，并根据实验加入药品，如图 4-10 所示。

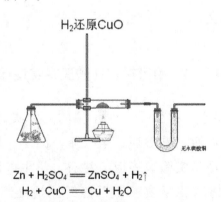

图 4-10 实验装置图

第三步。运行软件（开始实验）：将 20mL 5mol/L 的 HCl 溶液由长颈漏斗加入到装有 20mL 的水和 10g Zn 的烧瓶中，即刻产生大量的气泡（H_2），反应式为 $Zn+2HCl = ZnCl_2+H_2\uparrow$。过一会儿，再点燃酒精灯，将看到的 CuO 由黑色慢慢变成红色，反应式为 $CuO+H_2 = Cu+H_2O$。所有这些变化与在实验室中进行的完全相同。不仅如此，该软件还能时时显示反应中的相关物质的量的变化，如产生 H_2 的量、消耗的 Zn 的量、生成 Cu 的量，如图 4-11 所示。

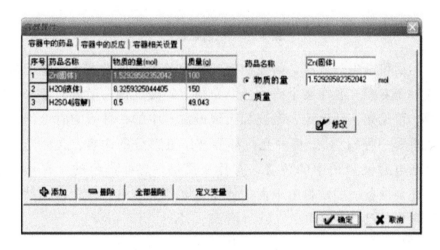

图 4-11　反应中各物质消耗的量

4.3.4　角色扮演活动

【教学内容概述】

复习各类电磁波的特性。

【教学过程概述】

老师首先准备一张电磁波频谱图，带着学生复习电磁波的波长、频率等概念，如图 4-12 所示。

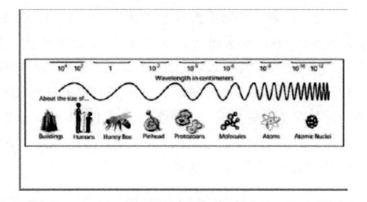

图 4-12　电磁波谱图

然后将学生分成组,给他们时间做角色扮演前的准备。他们需要扮演一个专家,要在某个研讨会上介绍七种波(伽马射线、X 光,紫外线、可见光、红外线、微波和无线电波)中的一种(临时上场才知道要讲哪一种);对于每种光,都要介绍五部分的内容:这种光的名字,在电磁波频谱中的位置,有什么用途,怎样产生的,有什么危害;还要准备一些题目考下面的同学。老师会提供一些资源网站,也鼓励学生自己去找资源。

学生们反映这样的复习活动收获很大,因为他们要去找资源,还要根据讲演需要提炼整理所获得的信息,同学之间的竞争压力使得每个组都想做到最好。

4.4　总结回顾环节

总结回顾环节并不一定要在一堂课的下课前进行,在一堂课的教学过程中,每一个教学阶段都应该有总结回顾环节,以保证或确认学生对刚学的内容已经掌握。

交互式电子白板在总结回顾环节可以发挥很大的作用，老师可以用浏览所存储页面的方式带着学生快速回顾前面讲过的内容；学生可以在白板上展示作品，向全班介绍他们的设计思路和形成过程，请同学或老师提修改意见；也可以用游戏或小测验的方式，帮助学生快速回忆刚才所学的内容，强化记忆；还可以显示一些网站链接，向学生提供可以进一步探索的资源。有些白板产品会配套投票设备，在课程的总结回顾环节使用投票系统，会有特别的效果。

老师应当首先熟悉白板软件的功能，不断练习，然后再结合课程教学的需要，进行创新性的设计，充分结合传统课堂与多媒体课堂教学的优点，发挥白板的互动功能。

4.4.1 用刮奖刷做总结

课例 4-20. 科学课

【教学内容概述】认识人体的骨骼

【教学过程概述】

老师在交互式电子白板上呈现一幅人体骨架图，每块骨骼的名字都用银色块罩住了。老师请学生说出骨头的名字，然后刮开答案。

这也可以设计为拖曳练习，当匹配错了的时候，骨骼名会回到原处，给学生重新思考改正的机会。

4.4.2 用投票器做观点分析总结

课例 4-21. 校本时政课

【教学内容概述】

本节课的主要内容是关于中国是否应该加入 WTO，帮助学生认识到对同样一件事情可能会有不同的观点,在有些情况下,决策是根据大多数人的意志做出的。

【教学过程概述】

在上课前,老师要为使用投票设备准备几道题。在上课一开始,老师就请学生就他们现有的知识和理解能力进行投票,投票结果并不公开。然后老师请学生就这些问题进行讨论,分别阐述自己的观点,提供有说服力的证据。在这堂课结束的时候,老师让学生就开始提出的问题再次投票,这时将两次投票结果对比显示,让学生两人一组分析两次结果中相同的地方和不同的地方,找出不同的原因,然后将这些原因都显示在白板上。他也可以用这两次投票的结果让学生总结在课上学到了什么。

4.5 实验课教学过程

应用了交互式电子白板的实验课,要比传统的实验课更丰富多彩,更有趣。

4.5.1 借助学科软件寻求实验方案

课例 4-22. 化学课

【教学内容概述】

高一课程中氯气的实验室制法一节中,涉及的知识内容较多,加上实验过程的污染,不适合在实验室进行,传统的教法是教师讲实验,学生记实验、听实验,但是借助"仿真化学实验室"软件,可以在白板上模拟真实的实验过程。

【教学过程概述】

教师先通过"仿真化学实验室"来演示（教学软件自带的成品课件）初中化学中所学习的实验室制取 O_2、H_2、CO_2 的课件，使学生受到启发而提出制取气体发生装置选择的原则（根据反应物的状态和反应条件）和收集方法选择的原则（根据所制气体的密度和空气密度的大小比较及气体的溶解性），引出如何制取纯净、干燥的氯气的完整实验装置的问题。

学生交流讨论制作氯气的装置方案。教师根据学生的交流结果，用实物投影仪，将除杂方案进行投影演示，然后进行分析，讨论出合理的除杂方案。

根据学生讨论出的装置，在计算机中将所给的装置进行连接，得出实验室制取纯净及干燥的氯气的全过程。教师根据学生所连接的装置进行展示，并且通过计算机模拟制取氯气的全过程。

4.5.2 外接观察设备演示实验过程

任何能在计算机上显现的事物都可以在交互式白板上显现，因此，通过将一些数字仪器连接到计算机上，再投影到交互式电子白板上，可以非常方便地提高教学的真实性。

课例 4-23. 生物课

【教学内容概述】 探究动植物细胞结构的区别

【教学过程概述】

导入环境，老师先教学生如何使用数字显微镜。因为教师的计算机已连接到交互式电子白板和显微镜上，所以对显微镜所做的任何调整均能同时地显示在交互式电子白板上。老师还在白板上准备了几个文字对象：细胞核（nucleus）、细胞膜（membrane）、细胞质（cytoplasm），如图 4-13 所示。

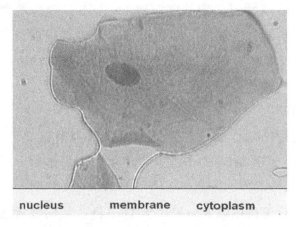

图 4-13　交互式电子白板与显微镜相连接

老师先带学生观察细胞图像，指出哪块是气泡，哪块是细胞，这是观看数字显微镜的第一步，然后请学生上台拖动细胞核等文本对象到白板上，并用箭头指向细胞核图像的对应位置，并且集体讨论标签位置是否正确，应该往哪里移动，如图 4-14 所示。

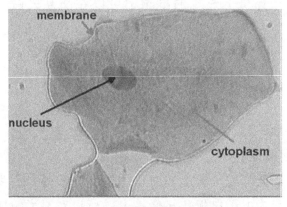

图 4-14　显微镜下的细胞图像

在确认学生知道怎么标注之后,老师开始替换细胞镜片,让学生一一标示,说明动、植物细胞之间的共性和差异,并保存学生对每个细胞标识的结果。

4.5.3 验证假设型提升实验兴趣

课例 4-24. 化学课

【教学内容概述】
学习用指示剂区分酸性、碱性和中性,然后与 pH 范围对应。

【教学过程概述】
上课之前,教师打开计算机上的一个文件夹,这个文件夹含有一张 pH 彩色范围示意图和若干学生要测试的物品图片。教师先示范拖曳物品到 pH 范围图的相应位置,边拖曳边说明她对这个物品酸碱性的认识,然后邀请学生上讲台猜测剩下的物品所在的 pH 范围,在学生完成猜测后,保存页面。这样,在之后的学习中,学生可以打开前面的猜测,来与实验结果相比较,如图 4-15 所示。

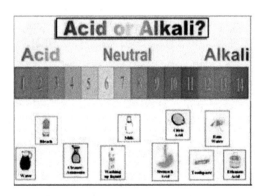

图 4-15 各种物品的 pH 范围图

接着学生开始用 pH 试纸发现各个物体的 pH。老师在交互式电子白板上显示课前已录入的实验要求和指导用语，因为指令不是手写的，所以文字清晰，学生可以在实验过程中不断参照指令，保证达到要求。

学生实验任务完成之后，教师可以将计算机调回到前面的 pH 范围屏幕；学生根据实验检验之前的猜测正确与否。这种方式使学生有机会因自己看法的改变而产生讨论，同时也说明了开始的猜想是可以通过实验来证明或者修正的。为了学生后面的学习，记录最后讨论结果的页面也能保存和打印出来，如图 4-16 所示。

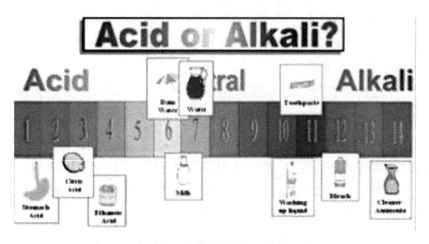

图 4-16　将讨论结果的页面保存下来

4.6　教学成功关键点

如同老师们总结的那样，使用交互式电子白板教学与传统黑板或使用计算机教学的区别在于，交互式电子白板是非常好的教学资源整合展示平台，会让教学具有很强的交互性、灵活性和生成性。教学生成性和资源整合流畅性是老师们谈论最多的交互式电子白板课堂的两大特色。

4.6.1 提出好问题，推动教学的生成性

"问题"是推进课堂教学的常态方式，可以说，没有问题就没有课堂，在交互式电子白板的界面上，课堂问题的设置应当遵循"小"、"好"、"巧"三个原则。梁晓波老师对此深有体会："小"一指文字少，因为电子白板一次性显示的版面是比较小的，这就限制了问题的字数，应当越简练越好；二指提出问题的角度要小，应当让学生一眼就明白问题的指向，如"请分析胡屠户这个人物形象"，此问题太大，不如改为"找出相关细节和动作语言描写，谈谈你对胡屠户这个人物的看法。"小问题要能引导学生接触课文、钻研课文。

"好"指的是问题的质量要高，可有可无的问题不要提，能够合并的问题绝不重复，问题之间的联系要环环相扣，步步推进，成为一个整体。如《范进中举》教学中，设计的五个问题均围绕核心"发

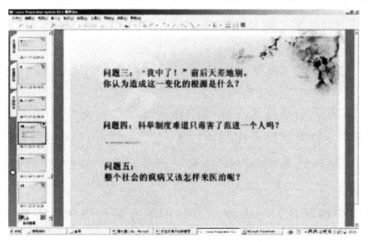

图 4-17 《范进中举》教学中提出的问题

疯"来设置（如图4-17所示），前三个问题就来自于核心句"噫！好了！我中了！"层层深入，由情节到人物，由人物到主题，再由主题进行拓展，丝丝入扣，绝不重复。问题设置直指学生思维深处，牵连阅读任务目标，达到了较高的质量。

"巧"指的是在教学设计中问题提出的时机要巧妙恰当。如《范进中举》教学中，学生看完影片，即设计问题："你印象最深刻的是哪一句话？"引出"噫！好了！我中了！"这个核心句后，解释"噫"表达了复杂的情感，在此基础上顺势提问："范进中举前的处境如何？"在教学设计中，所有问题的提出绝不能显得突兀，前后缺少联系，因为交互式电子白板呈现的一切信息都会汇集起来，构成一个个蓄势待发的"场"，教师要善于抓住学生在那一瞬间产生的期待心理，巧妙地掌握提出问题的时机。

对于一组问题的设计，我们推荐按照布鲁姆认知模型，根据教学内容的特点，设计一种或多种类型的问题，包括识记性问题、理解性问题、运用性问题、分析性问题、综合性问题、评价性问题。

4.6.2 有效采集资源，一切为教学目标达成

交互式电子白板作为综合的媒体展示平台，可以支持对各种类型资源的探究。如果能够善加利用，不仅可以扩大45分钟课堂知识探究的深度和广度，还能使各种媒体素材相互补充，能够立体地帮助学生建立观点。

【教学内容概述】下面是一位英国老师对初中学生讲的一堂关于越南战争的课程。

第四章 交互式电子白板教学过程分析

【教学过程概述】 其中综合运用了多种媒体。

（1）利用地图。

教师出示一幅世界地图，并要求学生指出越南的所在地。学生来到白板前，根据自己的认识点击越南所在的区域。教师事先在地图中做好了隐藏的超链接，一旦学生点击白板，地图会自动跳转至另一页面。每一页都是一幅比例尺度更大的地图，直至越南附近的区域显示出来。这种做法有助于学生弄清楚越南在世界地图上的具体地理位置以及在东南亚地区的具体地理位置。

（2）利用照片。

越南战争的相关照片大多具有震撼力。这些照片可以作为历史课上有用的教学素材，帮助学生寻求历史证据。教师给学生两分钟的时间观察照片，紧接着提问。学生注意到背景中的一位士兵，于是教师就圈出这个区域。学生也可以就他们的问题标识照片。

（3）利用歌词。

教师选择了一首有关越战的歌曲。歌词被显示在白板上，随着歌曲的旋律，一位学生来到白板前，用荧光笔将歌词中积极和消极的主题突出高亮显示出来。在接下来的"歌曲意义"班级讨论中，这些突出显示的内容也会成为辩论焦点。歌曲为数字文件，教师可自由控制歌曲的播放进程。

（4）利用视频片断提升理解。

教师播放一段展示美国士兵在游击战中的视频，播放过程中可以暂停或用相机功能做截屏，组织学生讨论并对图片进行批注，以加强学生对"越战"的认识。课后，果然有一位学生评论到：这段视频剪辑使她明白了越南战争与先前其他士兵所处的其他战争是完全不同类型的战争。

诚然，以上所有的引导活动均可以在传统教学方式下实现。比如，地图和照片可以使用实物投影仪来展示，歌曲可以使用磁带播放机来播放，歌词可以通过投影仪来显示，视频可以通过录像机来播放。然而，使用交互式电子白板具有不可比拟的优势。利用电子白板，教师可以将资源序列化地组织为一个文件，可以添加超链接关联到其他资源，比如声音文件和视频文件。白板对声音文件和视频文件的控制很方便，假如需要，还可以重放其中的片段。除此之外，教师还可对所有资源加注释，而且这些注释均可以保存，学生可以在课后观看。

这位老师做得非常好的是：这些多媒体资源是围绕课程教学目标而挑选的，每一个资源的使用都有其用意，且环环相扣，步步深入。梁老师在讲《范进中举》一课时，使用影片资料只保留了"集上卖鸡"、"范进发疯"这两节。图片也是有选择地保留精华部分，始终体现语文学科教学紧扣文本的特点。这也是所有成功课堂在整合课件资源时的不二原则。

4.6.3　精心设计交互活动，促发深入思考

热衷于使用交互式电子白板上课的老师无不为其所带动的课堂活跃气氛所吸引。在设计使用交互式电子白板强交互的课堂活动时，老师可以从两个层面入手规划：一是创建使用交互式电子白板的学习情境，二是设计使用交互式电子白板的练习活动。

维果茨基在1978年提出了社会建构主义学习理论。他认为，有效的学习发生于强交流的学习环境中，即老师和学生之间，学生与学生之间都要有交流，这样大家才能对问题有共同的理解，并一起给出解决问题的办法。这样的环境，就要求老师了解并掌握辅助和支持学生学习的过程，特别是要能用对话方式引导学生对概念问题进行思考和

学习，从而促进概念的形成和转变（泰勒，1996）。

但是仅仅将交互式电子白板的交互性视做简单的问与答过程，作为对传统教学方式的一种辅助是不够的，而应该从促进学生概念形成的角度看待交互的作用，从而推动学生产生深入有效的学习。要做到这一点，Miller 等（2006）指出：老师不仅要掌握运用交互式电子白板各种工具的基本操作，更要学习与师生交互、生生交互有关的知识、技能和策略。

4.7 本章小结

在传统的教室环境下，即使是采用多媒体投影授课方式，学生在课堂上也多是被动接受，教师的教学效果大打折扣。而交互式电子白板的本质是一个"大尺寸交互显示界面"，或者说是一个大触摸屏，它可以使师生共享计算机屏幕，完全打破了教师"电脑-幕布"的模式，教师利用电子笔站在幕布下就可以完成各种操作，给教师更大的发挥空间，同时也使教学生动有趣。

本章用 25 个课例介绍了在教学的各个阶段运用交互式电子白板提高教学效率和效果的方法，展示了交互式电子白板课程的生动性。

一堂交互式电子白板课是否成功，取决于老师对学生的了解程度，对交互式电子白板技术的熟练程度，对用交互式电子白板来教这个知识内容的经验，以及他对使用交互式电子白板开展教学的见识和他所能得到的技术支持。

练 习 题

1. 举例说明交互式电子白板对你所授学科教学可能带来的三点好处。

2. 举例说明在交互式电子白板环境下学生课堂活动与常规课堂活动的三点不同。

第五章 交互式电子白板学科教学案例

前面几章介绍了交互式电子白板的基本教学工具、教学技巧和教学过程，提供了一线教师的经验分享和一些课堂的典型做法。在这一章里，我们将按学科来归纳中小学基本学科使用交互式电子白板教学的规律和提示，每个学科用一堂完整的课堂为例，示范该学科采用交互式电子白板增进课程交互性、生成性的实现过程。受限于篇幅，除了语文、数学、英语三科单列之外，我们将历史、地理、政治组成人文社科类，将物理、化学和生物并为实验科学类，将美术、体育和计算机归为艺术与技术类。

有些老师和我们分享了课程的设计思路，展示了他们是如何借助技术促进学生深入思考，吸引学生积极参与到课堂活动中来的，在此表示深深的谢意。需要说明的是，这些案例取自两年前，现在这些老师已经更加优秀了。教学并不存在唯一的最佳做法，在有效的课堂中，技术是支持优秀教法完美展示的工具。

5.1 语　　文

语文是兼具工具性和人文性特点的学科，学生应在掌握基础的语文知识、锻炼听说读写的基本能力的同时，享受到文学美的感染和作者深邃思想的熏陶。因为语文重在培养学生的形象思维，所以传统观点认为现代化技术对学生的想象力会是一种冲击。确实，不当地使用媒体，会遏制学生的想象力；但恰当地运用多媒体教学手段，则可以有效调动学生的积极性、扩充课堂知识容量，提高教与学的效率。

以往的语文教学中曾出现过过于重视语文工具性的情况，这极易造成学生机械学习，语文教学失去童真，离开生活，丧失艺术魅力。为此，新课标要求语文教学要根据学生身心发展的规律和语文学习的特点，爱护儿童的好奇心、求知欲，鼓励自主阅读、自由表达，充分激发他们的问题意识和进取精神，积极倡导自主、合作、探究的学习方式。一节好的语文课，并不能以教师讲得如何精彩为唯一标尺，还应考虑如何调动学生，把听说读写等活动开展起来，转变学生学习方式，使其真正成为学习的主人，在学习活动的过程中提高学生的思维水平和表达能力。

传统语文多媒体教学一般采用电脑PPT演示，内容顺序设定好之后不能根据教学实际加以更改，教师的发挥受到限制，学生的参与度不高。交互式电子白板颠覆了传统枯燥的教学模式，教学灵活性高，教师脱离了鼠标束缚，能够根据教学需要利用其标注、聚光灯、拖曳、屏幕遮盖等功能，设计出多种形式的教学环节来与学生互动；学生可以在白板上直接书写、修改、保存，更加直观地展现自己的思维过程。学生的参与意识提高了，教师的指导也更有针对性，教学环节更加贴近学生的需要。

在这一章中，我们将分享采用交互式电子白板开展语文教学的一些心得，一些被证明行之有效的教学策略。

5.1.1　语文学科教学提示

- 板书是语文教学中必不可少的环节，可以根据教学需要，选择不同的笔，如普通笔、荧光笔、毛笔、排笔、纹理画笔、智能画笔等。
- 注解模式是语文教学中最有用的功能，可以在当前显示的任何文字、图片、网页、视频画面上随意勾画、批注，标上各种符号，这有利于讲解重点，特别是古文翻译教学，非常直观有效。
- 在诸如诗歌散文教学过程中，建议播放标准规范的名家朗诵来指导教学。
- 在介绍作者、写作背景时，如果能够展示作者或相关书籍实物的照片，会增长学生的见闻，帮助理解课文内容。
- 在语文的拼音教学中，可以利用拖放功能让学生练习声母与韵母的配对。
- 在阅读教学中，可以将文章打乱顺序，要求学生拖曳句子，重新进行排序。
- 在作文教学中，让学生对白板上的作文文字提出修改意见，并通过大声朗读对比修改前后的文字，可以让学生很快掌握写作要领。
- 在进行综合性学习或探究性语文活动时，可以在交互式电子白板上对学生小组的探究成果进行总结评比，展示学生的各种作品（表格、文字、图片、影像等）。
- 在语文课堂教学中，有时需要较长时间保留课堂教学中教师的板书和学生板演的练习，供学生整理记录，或者用于教师课后反思。交互式电子白板提供了保留页面记录的功能，可以很好地满足师生的需求。

- 对重难点部分、文本结构和线索演变分析后，教师还可以将自动保存的页面（如课件演示和板书内容等）反复播放，帮助学生理解和加深印象。
- 互动的课堂往往会生成凝聚着学生智慧的富有生命力的作品，如学生漂亮的书法、即时创作的短文、描绘意境的画作、精炼的批注等，可以采用照相机功能截取并存储，以便教师进行讲评、赏析。

5.1.2　语文学科教学案例

【教学内容】范进中举

【授课教师】梁晓波（四川省绵阳市实验中学）

【教师心得】

交互式电子白板的最大特点是"综合"、"互动"与"即时生成"，这些特点与语文新课程理念不谋而合。二者的契合让数字化技术与语文教学设计在源头上有了共生的可能，交互式电子白板教学设计应以此为理念基础。

这堂课我从精彩段落的关键语句入手，即抓住范进发疯一节中的"噫！好了！我中了！"带着学生进入小说，让学生"贴近"情节，"贴近"具体语句，与小说中范进、胡屠户、众乡邻、张乡绅一起谈笑奔走，一起思考。这里要将核心句醒目地呈现在电子屏幕上，在此基础上，再跳出文本，设置五个问题，环环相扣，对课文进行理性分析。每一个问题均呈现在屏幕上，所有答案均使用图片缩小功能隐藏，从"感"到"悟"，从"析"到"理"，不断深入课文的核心内容。最后拓展延伸，由课文到分析现实生活，水到渠成完成全课教学。其中教师对每个问题的小结环节很重要，要求教师用精炼、生动而有穿透力的语言总结上一层次的内容，开启下一环节的教学。

【教学设计说明】

本节课的教学目标：

（1）知识与能力。了解故事情节，提高感知、欣赏艺术形象的能力。

（2）方法与过程。阅读课文，搜集信息，研讨人物、主题。

（3）情感态度与价值观。了解封建科举制度对知识分子的毒害。

学法引导：课外阅读《儒林外史》全书，预习时积累字词，理解大意。课堂教学以核心段落中的核心句"噫！好了！我中了！"为切入点，且通过朗读与问题研讨来连缀整个教学过程。

【教学过程概述】

一、导入

让时光回溯三百年，在科举盛行的年代，有一个须发花白的老秀才，他也参加了一次考试。结果怎样呢？看一段影片。（播放影片：《范进中举》影视片段："集市卖鸡"、"范进发疯"情节）导出课题：范进中举（教师用毛笔工具板书）。

（分析：教师在上课开始之时便提出问题，吸引学生注意力，接着采用音视频插入方法，在白板上播放了《范进中举》影视片段，营造气氛，让学生熟悉课文相关情节，接着导入课文，激发学生的学习兴趣，达到了情景教学的效果。）

（分析：在白板上使用了毛笔工具来书写课题，使板书图文并茂，效果比在黑板上要好得多，这一点突出了白板的优势。）

二、阅读指导

（1）（2分钟）朗读重点段落，引出——"噫！好了！我中了！"（课件显示）。其实，这句发自内心的不由自主的狂吼，正是解读这篇小说的密匙。我们的阅读将从此切入，解读范进和他的那个时代。

（2）（8分钟）出示问题一："噫"有表示悲痛、叹息，又有表示惊异之意。这一声"噫"潜藏复杂的情感，那么你认为中举之前范进的处境如何？请学生阅读分析中举前范进的处境（提示：①吃、穿、住、用；②别人对他的态度）。

（分析：教师通过范进的"噫！好了！我中了！"这句台词引发学生思考第一个问题：范进悲痛，叹息的是什么？并插入一个仰天悲痛叹息的人物图片作为背景模板在白板上展示出来，起到持续烘托气氛、调动情绪、激发想象的作用。此处教师的展示很有必要，这为课堂教学活动的进一步展开做了一个很好的铺垫。在随后的环节中，教师让学生反复朗读这句话并进行强调。老师的这一做法其实也是让学生能更好地思考并品味范进悲痛和叹息的本质所在。）

引导学生思考范进中举前的身份、经济、地位和社会的状况，然后教师板书，将范进中举前的这些情况详细地展示出来。

在师生一番讨论后自然而然地得出了下面的小结。小结处老师再次使用毛笔功能书写结论，前后衔接得较为自然流畅。

（3）（13分钟）接着老师通过点击资源预览，很顺利地进行了问题的切换，提出第二个要讨论的问题：中举之后情况怎样？我们从范进的话语之中感受到的是——"好了"，具体表现在哪些方面？根据讨论，教师板书：中举后，身份：富举人；经济地位：暴富；社会地位：显达。

然后，将学生分为三组，讨论人们对他态度的变化，要求阅读寻找具体细节，从语言动作来分析。课件出示如下分组安排：

　　一组：研析胡屠户的态度……（前倨后恭）

　　二组：研析众乡邻的态度……（前冷后热）

　　三组：研析张乡绅的态度……（前弃后送）

　　教师结合学生们的讨论，在白板上进行书写，将每个人的特点进行分类，一目了然。

　　（胡屠户——嫌贫畏富，见钱眼开）

　　（众邻居——趋炎附势，庸俗冷漠）

　　（张乡绅——道貌岸然，老奸巨猾）

　　（范　进——痴迷科举，懦弱猥琐，圆滑世故）

　　（4）（4分钟）形形色色的人物在一瞬间暴露出种种嘴脸，好一出滑稽的闹剧啊！这真是：穷居闹市无人问，富在深山有远亲。朝为田舍郎，暮登天子堂。昔日龌龊，今朝却有插花游街、马蹄轻疾的风流，有衣锦还乡、袍笏加身的荣耀。是什么东西有这样的魔力？用范进自己反复喊叫的那句话就可以解释："噫！好了！我中了！"——一切原因在于"我中了！"

　　教师点击资源预览，展示出第三个问题："我中了！"中举前后天差地别。你认为造成这一切变化的根本原因是什么？并引发学生深度思考第三个问题中的"根源"所指，并和学生一起讨论，体现出了师生互动。问题层层推进，学生在老师的启发和引导之下对问题的理解更加深入，而教师使用白板恰到好处，使课堂教学显得有条不紊。

三、拓展延伸

　　（1）出示问题四：难道那个时代发疯发狂的就只有读书人吗？（课件显示）（提示：范进的疯病是怎样救治的？谁提出来的？这说明什么？）

小结：受毒害的不仅仅是读书人，还包括像胡屠户、众邻居这些目不识丁的平头百姓。整个封建社会，对权势者敬畏谄媚，对不幸者冷酷无情。它不仅导致读书人为之疯狂，而且导致当时社会中趋炎附势的炎凉世态。

（2）出示问题五：那些没有考中而发疯的人，那些趋炎附势的各色人等都病了疯了，这整个社会的疯病又该怎样来医治呢？（课件显示）

（分析：在前几个问题的基础上，教师的第五个问题的提出更具有针对性，使学生对问题的思考更加深入。教师预设的答案是"消灭科举制度"。但在实际教学中提出这个问题时，第一个学生提出的观点与教师的预设相同，而后两个学生却将此问题引入争论，一个说"科举制度应当保留"，一个说"科举制度应当改良"。这种反馈，说明这个问题在学生中产生了分歧，此时教师保持了冷静的态度，采取了三种方式来评估和处理：一是肯定学生敢于大胆思考的好习惯；二是解释产生争论的原因，及时地解释了科举制度的内容；三将"消灭"和"改良"这两种观点板书在白板上，却没有将"保留"写出来，这就表明了老师的态度，也避免了误导全体学生。）

学生回答之后，教师进行了回顾和总结，指出了科举制度是造成范进中举后发疯的根源所在，使学生对科举制度有了更深刻的认识。

四、收束结课

大家收获不少。一个人的喜剧，一个时代的悲剧。范进拍手之间那一声大笑："噫！好了！我中了！"至今还在中国文学的字里行间萦绕回响。让我们再来嘲笑一下这个可悲可笑的文学人物吧："噫！再见了！范进！"在同学们的"噫，我中了"的朗读声中，这堂课落下了帷幕。

——备用问题：如今也有中考和高考，你觉得它们和范进那个时代的科举相同吗？谈谈你的感受。

（机动时间：1分钟）

5.2 数　　学

新课改要求，数学课程必须大力加强现代信息技术的应用，发挥现代信息技术对数学课程改革的积极作用，使现代信息技术成为学生学习的有效手段和工具，成为获取信息资源和开展学习交流的广阔平台。在数学课堂上引入交互式电子白板，可以带领学生通过数字化数学活动观察数学现象、探究数学问题，体验应用现代信息技术解决数学问题的可能性和优越性，这对于培养21世纪的未来人才是十分重要的。

著名数学教育家乔治·波利亚曾指出："数学有两个侧面，一方面是欧几里得式的严谨科学，从这个方面来看，数学像一门系统的演绎科学；但是另一个方面，在创造过程中，数学更像是一门实验性的归纳科学。"因此，作为数学教育工作者，不能只给学生看到它是"已经组织好"的逻辑演绎系统，还应该把反映数学创造过程的实验性一面展现出来。新的数学课程重视知识的"来龙去脉"，要求展示知识的发生、形成、发展和应用过程。

英国专家Swan（2005）在给英国教育科技部关于如何改进数学学习的报告中总结了有效教学发生的条件，即建立在学生已有知识的基础上，暴露和讨论学生的常见问题，用高阶问题引导，采用小组合作求解方式，引导学生进行推理而不是给出答案，采用需要丰富合作的任务，建立话题之间的联系，使用技术。

交互式电子白板技术为师生展示丰富的教学资源提供了技术保

障。在课前准备时，教师可以将重点转移到关注教材内容选取，关注教学设计，关注学生认知特点和课堂可能出现的实际情况。交互式电子白板技术也为教师从传统的教学结构改变为主导—主体教学结构提供平台；并使课堂更具有开放性和发展性——教师不再强求数学解答的标准化，学生也有了新的舞台发表自己独特的见解。在课后，交互式电子白板技术还能更好地帮助师生共同反思和领悟，让师生都能积极发挥主观能动作用，体现师生互动的和谐与统一。

在这一章中，我们将分享采用交互式电子白板开展数学教学的一些心得，以及一些被证明行之有效的教学策略。

5.2.1 数学学科教学提示

- 可以利用扫描仪、数码相机等事先做好概念、定理、公式、例题的图片，用于授课展示和复习。
- 事先做好小组活动或学生练习的指导用语，在教学过程中很快呈现出来，可节省教学时间。
- 使用"拉幕"方式展示解题过程。
- 教学前对白板的板书进行规划设计，根据需要，适时保存（如用照相机功能），在教学过程中可以通过并列已保存的多个页面（如多个快照），进行讲解。
- 使用以前保存的教学页面（有的系统称之为教学挂图）来复习上堂课或更早之前学过的内容。
- 可以将保存下来的板书打印出来发给学生，或者放在网络教学平台中，供学生复习使用。
- 当学生在课堂上自己做练习或小组活动的时候，可以在屏幕上显示一个倒计时的时钟。

- 对于低年级学生，可使用卡片排序、配对游戏、小组讨论等方式教学。
- 在平时收集整理一些录像资源（如大师介绍、数学典故等），会使数学教学增加思想性、知识性、趣味性。
- 使用页面保存或照相机功能保留课堂上学生随机生成的问题和教师的教学灵感，这对教师课后开展教学反思、改进教学模式都将是一笔宝贵的实践财富。
- 在交互式电子白板上使用一些数学教学软件（如绘制函数图像的软件、统计工具、矩阵行列式计算工具等），可以避免列表描点作图法的繁琐，指导学生用更多的时间、精力进行分析和思考借助图像变化规律分析函数的性质，追求数学内容的本质。
- 在学习《数据处理与概率统计》过程中，可以充分利用交互式电子白板平台在课堂上收集一些网上统计资料，调用一些统计软件的功能，解决收集数据方式单一、数据统计整理过程繁琐等传统教学方式弊端，让学生在一堂课上就能经历数据处理的全过程（从提出问题、收集数据、整理数据、解释数据、研究数据特征到做出统计判断），形成完整的统计意识。
- 可以借助实物展台或（带视频输出功能的）数码相机，把学生试卷中优秀的解法、具有一定典型错误的题目及时地输入到交互式电子白板上，让学生在课堂上实现他评和自评，从而认识自己，展示才能。
- 利用数码相机的微距照相功能，把学生当堂的书面解答拍下来，并实时地输出到白板上进行讲解、批阅。
- 如果在交互式电子白板平台上使用一些探测器，我们就可以开展验证性数学实验——对某个具有实际意义的函数解析式进行当堂数据收集和验证（如牛顿冷却定理、自由落体运动规律）。如此一来，数学和其他学科融合在一起，更突出了数学的基础学科性质。

5.2.2 数学学科教学案例

【教学内容】探索代数式的几何特性

【授课教师】顾冬磊（华东师范大学附属东昌中学）

【教师心得】

在运用交互式电子白板于数学课堂教学的大量实践活动中，我发现几何画板这一操作简单、直观生动、交互性强的软件若在交互式电子白板平台上使用，可以起到如虎添翼的作用。它特别适合于那些让学生体验数形结合这一基本数学思想的内容，如《函数单调性》等，教学时常常需要利用图像来辅助教学，化抽象为具体，再由具体回归到抽象。这样的反复可以培养学生抓住事物的本质，经历数学的抽象和概括的过程。

曲线与方程的概念是学习圆锥曲线的理论基础，贯穿了全章始终，这种数和形的结合与转化是数学思想的华彩乐章。但一般学生对这个概念认识不够深刻，无法理解其重要性。因此在教学设计时要充分利用学生的直观感知。

本节课的教学过程，在"师生互动，动态生成"中体现了课堂教学的活力。在课前充分研究教材和学生情况的基础上，借助交互式电子白板技术设计了这样一堂探究课，通过旧问题的新解法（图像解法）来激活学生思维，在教师有计划地应用交互式电子白板技术帮助学生突破曲线与方程这个概念理解上的难点的同时，也有意识地激发学生自行探究问题的兴趣，并且利用交互式电子白板的交互性，来突破在解决问题的过程中出现的技术性难点（如何使用数学软件来解决数学问题）。在教学过程中应注重变式训练，利用多样的习题，借助交互式电子白板平台,层层深入地重复前面的过程,尽可能地让所有学生都能得到相应的训练。最后,在交互式电子白板的记录功能支持下,对整堂课的解题活动进行回顾和总结,以达到引导学生理解代数式蕴含的几何特性的教学目标。

【教学设计说明】

本节课的教学目标:

(1) 加深曲线和方程概念的理解。

(2) 会用数形结合的方法解决一类代数最值问题。

(3) 培养学生对数学美的感悟。

【教学过程概述】

一、问题提出——用交互白板直接展示一道圆锥曲线求最值的题

例题 1 已知实数 x,y 满足 $x^2+y^2-6x-4y+12=0$,求 $x+y$ 的最值。

课的开始,老师出示了用几何画板准备好的问题。这是一个以前解决过的代数式求值问题。学生凭以往的经验选用了代数解法。教师将学生分析的过程,直接用交互式电子白板进行简短批注。

在听取、巩固学生的基本解法的基础上,老师再引导学生寻求其他解法。学生很容易就发现 $x^2+y^2-6x-4y+12=0$ 是圆,并很快求出了圆心坐标和圆半径。老师画出这个圆。

那么 $x+y$ 这个代数式的值有什么特征呢?满足条件的 x、y 值分别是圆上点的横纵坐标。教师直接在交互式电子白板上操作几何画板,在圆上作一点,度量出它的横、纵坐标,再通过运算,求横、纵坐标的和。直接在白板上拖动这一点,观察数值变化,找出最值点,如图 5-1 所示。此时学生恍然大悟,有小小的惊叹声。

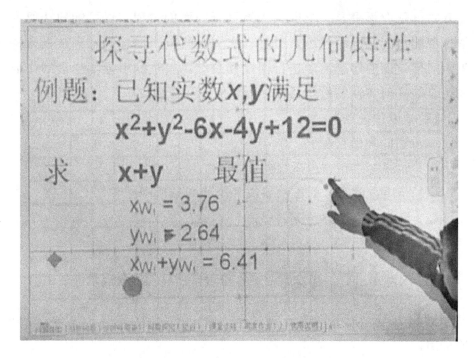

图 5-1 利用交互式电子白板解题

二、问题分析——重新回顾分析曲线和方程的含义、点和坐标的关系，借助这些概念重构 $x+y$ 的几何含义

尝试性探究之后，师生进一步究其本质。学生在教师引导下回忆曲线与方程的基本概念。教师在电子白板上利用几何画板解释曲线和方程之间的转化——点与坐标的转化，并借助几何画板软件给 $x+y$ 值相同的点着上相同颜色，并将平面上横坐标与纵坐标之和相等的点利用几何画板中的参数着色，追踪点的轨迹，在白板上呈现出动态效果。发现横、纵坐标之和相同的点在一条直线上，此时，出现的现象让学生大大惊叹。为什么会这样？学生积极思考着。

这是这节课的关键点，在教师的引导下，对抽象概念进行再加工——重新编码——形象化记忆。让学生通过观察图像,发现总结 $x+y$ 的几何特性就是这一些具有相同斜率(为 -1)的直线和坐标轴的截距。本质显现,学生由惊奇、疑惑、寻根,到此时对代数式的几何特性了然于心。教师画出斜率为 -1 的直线,可以发现,直线与圆相切时,满足条件的 $x+y$ 取得最大或最小值。在直线平移过程中,学生们也实实在在"看见"了利用代数解法时的 $\Delta \geqslant 0$,如图 5-2 所示。

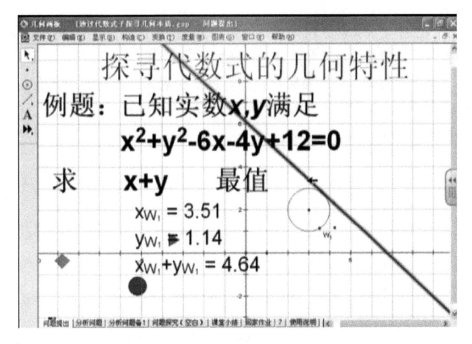

图 5-2 求出最值

三、学生探究——将例题 1 的条件结论做适当的修改

(1)条件改为半个圆或者(2)所求改为 or,并探究这些代数式的含义。

题目进行第一个变式。已知条件变化,所求不变。教师直接通过白板操作,作出已知曲线,拖动直线,发现与例题是类似问题。直接在交互式电子白板上操作几何画板软件绘制图像,进行生成性教学,并当场对生成的图像进行分析、截图,为最后的总结做准备。

例题 2 已知实数 x,y 满足 $x^2+y^2-6x-4y+12=0$,求 x^2+y^2 的最值。

例题 3 已知实数 x,y 满足 $x^2+y^2-6x-4y+12=0$,求 $\dfrac{y}{x}$ 的最值。

第二个变式。例题已知条件没变,而将所求改变。在思考 x^2+y^2 的值时,也做出图形,并追踪点的轨迹。

第三个变式,仍然先展示特征,再从代数式变形进行对比分析,得到过原点"斜率"不同的一组直线,如图 5-3 所示。

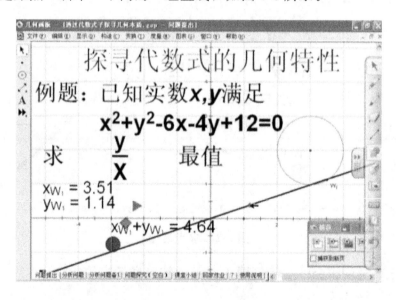

图 5-3 $\dfrac{y}{x}$ 的最值

接下来的变式，师生互动。由于几何画板有方便的计算与作图功能，因此当修改代数式时，相应图形的结果也会实时地呈现出来。借助交互式白板平台，教师可进行有层次的分析、递进，将代数式、几何特性相互对比。教师还可直接在白板上操作几何画板，方便又快捷。学生在观察、猜想、联想中，在原有认知结构上得到相应的启示。

四、课堂扩展——让学生自行提出其他代数式子的对应图形

代数式子还有很多，学生还想探究其他代数式子的含义，老师提醒学生先提出自己想研究哪些代数式，先思考其图形是什么样子，再看探究结果。学生思维越来越活跃，提出了不少想法。为了让学生欣赏到一些二元代数式子的几何之美，老师也展示了很多预设的变式：过定点的直线斜率；到定点的距离；斜率相同的直线截距；渐近线相同的双曲线；长轴、短轴长之比相同的椭圆等。探究过程中，具有代表性的三类典型代数式，教师利用白板提供的"照相机"和"表格"功能，可截图分类梳理。

五、课堂小结和作业布置

将前面授课中当场产生的图像通过截屏事前预留在交互式电子白板文件中，教师最后做讲评，小结三类典型的代数式时，利用白板软件的表格功能进行梳理，最后形成提纲式的结论，以方便学生课后反思。

本课结束时，学生不仅对新建构的知识印象更加完整，而且也学到了几何画板的很多操作。

5.3 英　　语

新课标指出，初级阶段英语课程的任务是：激发和培养学生学习英语的兴趣，使学生树立自信心，养成良好的学习习惯和形成有效的学习策略，发展自主学习的能力和合作精神；使学生掌握一定的英语基础知识和听、说、读、写技能，形成一定的综合语言运用能力；培养学生的观察、记忆、思维、想象能力和创新精神；帮助学生了解世界和中西方文化的差异，拓展视野，培养爱国主义精神，形成健康的人生观，为他们的终身学习和发展打下良好的基础。

新课标指导下的英语教学强调从学生的学习兴趣、生活经验和认知水平出发，倡导体验、实践、参与、合作与交流的学习方式和任务型的教学途径。但是英语是第二语言，在我国缺乏语言环境，而交互式电子白板恰恰建立了这样一个交互式的综合性平台，教师可以轻松调用各种挂图、音频、视频，甚至是网络资源，使创设英语语言学习环境变得更加简单、自由。真实的交际情景，使英语语言知识教学以及技能训练变得形象直观、生动活泼，有助于学生的理解、模仿，还能够强化学生的记忆，促进学生的思维锻炼，培养学生直接用英语思维与表达的能力。

在这一章中，我们将分享采用交互式电子白板开展英语教学的一些心得，一些被证明行之有效的教学策略。

5.3.1　英语学科教学提示

- 一般白板的图库中都有 26 个字母的图片。

- 字母发音直接影响着学生单词的发音，而且学生的错误发音一旦形成就很难再纠正。利用交互式电子白板的链接功能可将相关的教学视频直接插入，再配合教师的讲解示范，力争让学生一开始就学到标准音。
- 字母的书写过程要逐步进行，教师一般使用的方法为：先观察形状，再观察笔顺、占格情况，有条件的话可进行描红，最后达到仿写。在交互式电子白板上进行板书时，教师可使用画图功能，用不同的颜色、粗细线形进行板书示范，让学生仔细观察字母的笔画和笔顺，并进行自动记录。需要时，用回放功能，帮助学生再一次复习、记忆英文字母的正确笔顺。
- 字母的占格同样是字母书写教学中的一个教学难点，尤其是当英文字母的大小写混在一起的时候，学生很容易混淆。有些白板的模板管理中心中有英语的四线格模板，教师就可导入此模板进行字母占格的示范教学，还可以请学生到讲台前板书练习。这样就免去了一般教师要在黑板上画格，板书后擦黑板，空间不够时还要再画格的繁琐劳动。
- 为了让学生熟记26个字母的顺序，老师可以设计多个游戏，如让学生上台写出某个字母的"左邻右舍"，通过设置学生用笔的颜色和笔的粗细，增加趣味性。很多纸面游戏都可以很方便地搬到交互式电子白板上供全班一起玩中学。
- 为每个新学的单词录制一个声音文件，文件名用单词名。点击单词，就可以听到发音。
- 用聚光灯做游戏，比如让学生快速说出被聚光灯照到的动物的英文名字。
- 英语学习经常需要用词汇分类的方法学习新词或复习旧词。很多词汇都可以进行归类，如可数名词与不可数名词、积极与消极意义的词汇、规则动词与不规则动词、不同形式的形容词比较级和最高级、物品名称的归类、运动类型的归类，等等。所以，分类游戏是英语课常见的教学活动。

- 做汉翻英的时候，可以让学生拖曳单词并排序。
- 在对所学内容进行总结时，很多老师喜欢用拉幕方式逐步展现。
- 英语教学有时候需要学生将打乱顺序的故事连环画重新排序，此时可以使用拖曳功能。
- 可以使用导入导出功能，在页面上书写课文内容，再存储到图库（导入），在授课时提取出来（导出）。
- 网络上一些 Flash 游戏如装扮类、设计类，可以拿来创建语境。如 What can you wear to go to the party? 装扮类游戏就很适合操练对话；再如 What are there in your room? 房间设计类也可以用于教学，将设计结果用拍照功能固定下来，学生还可以在课后进行描写。有些网站提供 Flash 等教学资源，可以直接访问网站，进行游戏。
- 为了增加某些活动的趣味性，我们可以使用白板的"骰子"工具进行旋转，确定参与活动的小组的优先顺序。
- 交互式电子白板有无限复制的功能，这使一些需要重复的课堂活动变得更加容易实现了。比如，设计一个制作蛋糕的任务，请学生介绍制作蛋糕所需要的食物和数量。在挂图上添加各种食物图片，教师或者学生一边挑出自己需要的食物，一边解说数量：I want to make a chocolate cake. So I need some flour, eggs, chocolate, butter and milk. First I break two eggs. Then I add a stick of butter and a bottle of milk. I put a bar of chocolate into it. Then I put them into a bowl of flour. 这种过程的

介绍，语境更加逼真，有点儿像 Flash 的游戏。复制功能还可以结合重设页面功能，当一位学生介绍完以后，请另一位学生介绍的时候，就可以点击重设页面，恢复到最初的状态。

- 可以用聚光灯照到图片上的不同物体，让学生回答：What can you see? 来训练他们的词汇。
- 听的任务设计形式多样，其中有听录音连线、填空、填表、选择等；还有听录音画出图片中相应的位置等。虽然我们用 PPT 都可以实现其中的功能，但是我们会发现，用白板的拖曳、书写、层设置等功能，可以不必拘泥于教师提前设计好的演示步骤，更贴近课堂教学实际，非常灵活。
- 交互式电子白板除了具备 PPT 的演示功能外，还可以通过一些简单操作，如修改容器、限制器等对象属性的方式，轻而易举地实现一些 Flash 所能实现的动画效果。
- 在 http：//www.teachit.co.uk（该网站面向以英语为母语的老师）和 http：//www.teachitworld.com（该网站面向以英语为非母语的老师）上有一些工具（Fridge Magnets），可以用来开发教英语的交互式电子白板课件。其间还有一些其他老师已经开发好的课件资源。

5.3.2　英语学科教学案例

【教学内容】Unit 8 When is your birthday?

【授课教师】涂洪源（四川省绵阳市实验中学）

【教师心得】

通过交互式电子白板在日常教学中的实践，我们发现交互式电子白板具有比较强大的教学功能，能为改进教学、促进教师掌握新的现代化教学手段、激发学生学习兴趣、提高课堂效率起到很大的推动作用。当然，任何有效的现代化教学都需要精心设计。应用教学媒体和技术手段的教学也不例外，都需要我们建立在学生认知基础上的深入学习，认真研究，不断琢磨，精心构思，设计出精品课。因为最终决定教学效果的是教师能够把教材、媒体与技术完美结合起来并运用到教学过程中，而不是媒体与技术本身是否完善。

【教学设计说明】

本节课是本单元的第一课时，主要学习一年中12个月份的表达，1~31个日期的表达以及生日的表述。但前两项的学习都是在为生日的表达服务的。因此，中心内容还是学会使用英语问别人的生日。

（1）教学重点。

本节课的重点放在让学生对月份和序数词的熟练和对生日操练上。

（2）教学难点。

难点应该是让学生对月份和序数词熟练上口，用不同人称问生日及表达。

（3）教学目标。

Months of the year.

    Ordinal numbers 1st to 31st.

    When is your birthday?

    My birthday is October 30th.

    When is his/her birthday?

    His/Her birthday is September 5th.

（4）能力目标。

    Speaking and listening skills.

    Communicative Competence.

(5) 情感目标。

　　Remember the birthday of family members.

(6) 教学方法。

　　Talking methods

　　Practice methods

　　Pairwork

　　Games

(7) 教学工具。

　　PPT and Uclass

【教学过程概述】

一、导入新课

　　一阵优美的旋律把大家带入本节英语课——When is your birthday？随着老师的一个问题，让学生进入了复习阶段，白板上十二个月份的典型景色把学生带入回忆一年的月份中，再加上老师的电子笔的点击，十二个月份的英文就出现在相应的图片下，从而加深了学生的记忆。

二、学习新内容

　　让学生大声朗读这些单词。随着老师点击播放录音的图标，十二个月份的录音纠正了个别学生的发音。通过听力练习，熟读月份单词，让学生更进一步掌握这些词的记忆。此处白板的运用，免去了老师运用设备播放录音的繁琐，既省力又省事。

　　通过对月份单词的熟悉，进一步提出 January 是一年中的第一个月，从而引出序数词的学习。展示 January 所对应的月份图片，让学生练习 January is the first month of the year. 然后引导学生说出 February is the second month of the year……通过这种方式完成从 first 到 twelfth 这 12 个序数词的学习。随着一幅幅动画的出现，一到三十的序数词就水到渠成地出现在白板上。随着老师轻轻一点图标，另一段听力练习的录音播放开始了。

三、学习生日

学习完月份和序数词之后，让学生学习日期表达的方式（有月份和序数词）。展示一组中文日期，如 1 月 1 日，让学生表达 January first. 学生就能领会日期该如何表达了。接着让学生学着表达一组由节日组成的日期。当然首先让会表达的学生起来示范，然后再让其他学生练习。此时涂层的运用，恰到好处地激发了学生的思维，让学生进入到挑战自己知识的环节。一个个表示节日的英文表达在老师的拖动下，显现出自己的真面目，让答对的学生有了很大的成就感。

在学会表达日期后，老师就开始引入生日的话题。首先对学生说 "October thirtieth is my birthday. So，when is my birthday？" 学生们会大声回答，"Your birthday is October thirtieth." 然后老师马上问学生 "When is your birthday？" 让几个学生回答各自的生日。由此，学生们学会了该如何询问和回答生日。接着，让学生 Pairwork，练习 "When is your birthday？ My birthday is…." 老师来到学生中，看学生在练习过程中是否有疑问，学生的互动对话把课堂气氛推向高潮。然后老师找几组学生 Perform，展示他们的练习成果，同时也能发现存在的问题，并及时予以纠正。

四、练习

学生口头练习完生日表达之后，展示下一幅练习的图片，这个练习只要求学生能根据汉语的提示完成句子，老师应及时给予评价，提高学生参与的积极性和主动性。之后让学生以男女问答的形式进行口语练习，尽量让学生熟练掌握句型 When is your birthday? My birthday is……最后，再做另两段听力练习，让学生圈出所听到的词，并让学生上台在白板上圈出，然后再次在白板上批改，检查学生听力效果。这样，经过几番练习，学生完全熟练并掌握了 When is your birthday? My birthday is…. 的句子了。

听力部分的教学充分显示了白板的优势，老师一触录音播放图标，便进入了此部分的教学，不仅再现了电子白板的长处，而且可以使老师明确地了解学生的学习状况，从而可以方便快捷地进行答案的点拨和校对、录音的再播放、学生写作技能的训练。这些白板的基本功能都是 PPT 所无法比拟的。

五、学习 When is his/her birthday?

通过上步中的听力练习，马上根据听力中出现的人物如 Leila，Nick，Robert，Jane，问学生"When is Leila's birthday? Her birthday..."学生既能回答出他们的生日，也自然地过渡到用第三人称问生日的环节中。

通过展示明星人物的照片和信息，让学生用"When is his birthday? His birthday is..."和"When is her birthday? Her birthday is..."回答。这既能增强学生的新奇感和积极参与的热情，又能达到很好的练习效果。

5.4 人文社科类课程

人文科学是指同人类利益有关的学问，研究人的精神、文化、价值、观念；社会科学是指以社会现象为研究对象的科学，其任务是研究并阐述各种社会现象及其发展规律。在中小学，常见的人文社科类课程包括历史、地理、品德、政治等。

由于中小学生年龄小，社会经验不足，心理也不够成熟，所以这类课程比较难上，传统政治课空洞的说教容易使课堂枯燥无味，历史课程也会因时代古远致使学生兴趣寡寡，而地理教学放眼全球的宏观性以及人地关系的复杂性、多元性决定了地理学习的难度……

正如新课改要求的那样，人文社科类课程的教学目的是培养学生关注社会的实际能力，能对社会普遍性问题有正确的观点，要将正确价值观的引导和学生的知、情、形有机地结合起来，使课堂知识的内化和道德践行的外化有机地结合起来，既要求逻辑思维，又要求形象思维，既要求有全局观，又要求有局部联系的观点。这类课程教改的出路就是要建立教学内容与社会现实的关系，切近学生的生活；要通过创设生动活泼的教学情境，采取多元的教学互动方式，变抽象为形象，变深奥为通俗，改变学生死记硬背、被动接受知识的学习方式，以问题探究教学为主，让学生参与讨论问题，思考问题，以此达到思维的良好训练，树立正确的世界观、人生观和价值观。

在这一章中，我们将分享采用交互式电子白板开展人文社科类课程教学的一些心得、一些被证明行之有效的教学策略。

5.4.1 人文学科教学提示

- 人文学科教学成功的关键是设计"好问题",教学应以问题探究教学为主,让学生讨论问题,思考问题。
- 对于有些教学内容,教师只需将素材导出播放,或者放手发动学生找素材,让学生通过自学和小组活动习得知识。
- 如果讨论的问题是学生提出来的,并且是学生所关心的事,将会大大发挥学生的主观能动性,大大提高课堂的关注度和交互性,生生互动、生生互评将得到充分体现,学生将成为课堂的主人。
- 如果课堂上出现了不同的分类,有很多分歧意见,这是学生智慧的火花在闪耀。我们的课堂就需要不同的思维和观点碰撞,真理越辩越明。同学们在说服对方的过程中,会认识到不同人有不同的视角,应尊重不同的观点,这本身就是人文社科类课程的一个培养目标。
- 应多请学生上台,或展示,或归纳,学生自己动手拖曳、演示,分析思考时应集中注意力,其他同学在观看这个同学演示的过程中兴趣也会很高。带着判断辨析的态度去看,全班都能有效思考问题。教师在这个过程中也可以了解学生对知识的掌握落实情况,为他们创造一个开放互动的环境,学生也乐于积极参与其中。
- 学生做错了也没关系,可以使用擦除功能擦掉,或及时修正。如果教师为学生创造一个安全尝试的环境,学生就能在错误中成长。
- 教学计划外学生表达的兴趣点及师生的突出表现,要记得保存回味。
- 备课时寻找合适的视频、音频，如再现遥远的历史、别国风情等，以拉近学生和历史的距离，创造身临其境的感受。
- 平时注意搜集制作贴近学生生活实际和社会现实的片段。小品剧情、角色扮演均可用于创设教学情境，可收到良好的教育效果。
- 讲评过程中或学生活动后使用即时批注功能，强化知识点，不放过任何一个困惑。
- 用拉幕隐藏功能对内容进行遮蔽，将有针对性的内容进行展示，可做到教学上的层层递进。
- 探照灯可突出重点，使学生集中注意力。
- 缩小放大功能同样也能突出重点，最适合在练习中运用。
- 人文社科类老师大多是多班教学，各班学生的整体素质和认知能力肯定有差异，这就给教师备课、讲课提出了分层设计的要求。采用交互式电子白板教学，可针对不同层次学生、不同教学内容设置不同活动，根据各班情况的不同，随时调整授课知识量、问题的难易度等，而不是像传统多媒体课件那样要严格遵循备课时的顺序要求一成不变地完成教学设计。这会有效地促进教师采用分层教学理念。
- 地图的图层叠加是地理学科学习的重点和难点，白板可以通过透明图层、透明度渐变等多种功能来使这个难点变得简单。
- 可以充分利用白板资源库功能，建立自己的资源库，如设计一个常用地图的"万用白板文件"，既可以适用于新课讲授，也可以适用于备考复习。而且在此基础上再进行备课工作将大大降低教师备课的工作量，达到事半功倍的效果。
- 地理学科的学习难点在于地理环境的综合性和区域性，在复杂的各种环境影响因素中，学生很难建立起清晰的逻辑关系，梳理出正确的影响要素。白板可以通过聚光灯、幕布、照相、荧光笔勾画等多种方式突出有效信息，屏蔽无用信息，使复杂的问题变得直观、突出、简单，便于学生理解。

- 地理学科的另一突出难点在于地理空间定位与真实地理环境的结合。学生由于年龄阅历和知识基础的局限，对于远离自己身边的事物很难有直观的感受，地图和区域就变得抽象而难以理解，从而失去兴趣。白板的透镜功能可以把地图与具体事物形象相结合，体现区域特点，符合学生由直观到抽象的认知过程，学生反响强烈，印象深刻。
- 课堂上通常教师很难了解学生对知识点的掌握情况，白板的投票器功能很好地解决了这一问题，使得课堂上学生学习的统计变得非常轻松快捷。
- 可以借助百度百科等网上百科资料，对比教材进行教学。

5.4.2 地理学科教学案例

【教学内容】商品农业的区域开发——以东北地区农业基地建设为例

【授课教师】孙晶（北京市西城区外国语学校）

【教师心得】

高中地理比初中地理课堂容量大，内容深。对人地环境的教学往往涉及以下方面：现象——原因——规律——人类活动的影响——人类活动的未来的改变。需要教师利用有限的课堂时间完成学生的感性、理性认识的升级，并实现正确的人地观。除了教师认真准备教学设计以外，还要求有一个能够高效调动各种有效资源的平台，使学生在课堂学习中尽量减少由于体不能行而造成的认知障碍。

在新课标改革的大环境下,白板教学手段的运用可以降低地理教学难度。然而,作为新生事物,如何通过地理课堂教学环节的设计,把白板的特有功能凸现出来,需要教师对教学的深刻理解和对白板功能的反复探索。成功的教学设计应该是在不断修正完善中诞生的。因此,对于白板互动性的理解,应该也是在不断运用中不断总结。本节提供的教学案例未必完善,只是提供了一种开拓的思路。

【教学设计说明】

农业生产活动是高一的地理知识,本节课的教学设计在于通过东北地区农业基地的建设实例,让学生学会如何用农业区位要素的思想去规划区域开发,并兼顾到开发过程中的环境问题,实现区域可持续发展。

(1) 学生分析。

农业生产对于城市学生来讲远离生活,非常抽象。农业生产的区位条件是一年前的知识,学生遗忘很多。区域地理背景也是学生的一大弱项,要同时在一堂课内落实以上问题是最大难点。重点要落实如何从难变简。

(2) 教学目标。

- 能够据图说出东北的基本地理环境特征。
- 能够说出商品粮基地位置及代表性粮食作物。
- 大部分学生能够利用气候、地形和商品粮基地分布图,分析一个区域农业基地建设的自然区位条件。
- 大部分学生能够利用人口和其他社会经济统计资料,分析一个地区农业基地建设的社会经济条件。
- 大部分学生能依据因地制宜和可持续发展观念,分析评价某区域农林基地建设中存在的问题及发展途径。

- 大部分学生能构建商品农业生产研究的知识框架。

(3) 教学重点。
- 东北的基本地理环境特征。
- 图文结合，分析区域的优势和劣势并制定开发措施。

(4) 教学难点。
- 东北的基本地理环境特征。
- 图文结合，分析区域的优势和劣势并制定开发措施。
- 依据因地制宜和可持续发展观念，分析评价某区域农林基地建设中存在的问题及发展途径。

【教学过程概述】

一、导入环节

老师首先提出问题：研究商品农业区域需要哪些知识储备？并在白板上板书。学生思考回答问题。

二、东北地区的基本地理背景

老师引导学生思考与东北地区的自然地理特征（地理位置、地形、气候、植被、水文、土壤）相关的问题，准备的教学素材为：地形图叠加地势图，气候图加透镜显示植被类型和东北地区空白图，请学生到白板上用手绘出东北山脉，其他学生检验。

三、农业区位要素的复习

老师提出问题：农业生产的区位要素怎样分类？由学生到白板上把区位要素按自然要素和社会经济要素归类，如图5-4所示。

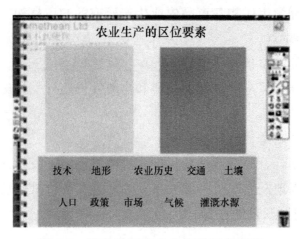

图 5-4 东北地区农业生产的区位要素

四、湿地的分布及作用，湿地保护

老师先展示湿地照片和湿地介绍，提出问题：湿地被称为"地球之肾"还是"地球之肺"？由学生投票表决。再根据湿地和湿地生物的组合图讲解湿地的功能，用湿地被开发后的遥感照片、湿地开发后的实地照片，引导分析湿地破坏后对环境的影响，由学生到白板上对湿地功能和影响进行归类。

五、黑土和黑钙土，分布，黑土侵蚀原因，整治措施

老师提出问题：黑土的突出特征是什么？学生观察黑土和黑钙土的剖面图并总结其特征，老师讲解黑土的特点。用松嫩平原的遥感图（土地平整和黑土被侵蚀的对比）找出黑土和黑钙土的分布。用黑土侵蚀照片说明黑土侵蚀原因，用黑土整治照片解释整治措施。

六、东北资源开发的方向和注意的问题

老师展示东北荒地分布图和荒地地区的实景照片（透镜），提出问题：我国耕地面积趋于减少，东北还有大量荒地，可否开发为耕地？由学生思考、讨论，并投票表决。

七、商品粮基地的生产概况

老师提出问题：东北地区的农业生产状况的定位？学生根据黑龙江垦区的粮食产量柱状统计图读出粮食作物产量的变化，根据黑龙江垦区商品率的变化折线图（白板链接的PPT）读出商品率的变化，在粮食作物的分布图及几种粮食作物的图片中找出各种粮食作物的分布区。

八、东北玉米带和美国玉米带对比

老师提出问题：东北玉米带和美国玉米带的异同点何在？学生根据黑龙江和美国的地形图、黑龙江和美国的自然条件对比表格（见课本）讨论东北玉米带和美国玉米带的异同点。

九、东北商品粮基地的发展方向

老师提出问题：停止垦荒后，耕地面积不再增加，东北商品粮基地发展农业的出路在何方？学生讨论总结东北商品粮基地的发展方向，找关键词。老师用拉幕方式逐步展开东北开发措施图。

十、作业

最后，老师要求学生用这堂课学的知识结构总结东北地区的农业发展情况。

5.4.3　历史学科教学案例

【教学内容】英国工业革命

【授课教师】古犁（四川省绵阳市实验中学）

【教师心得】

新课改对历史教学的要求是：在教学理念上改变传统的一支粉笔一张嘴的教学模式，要求树立以学生为主体的教学观念，鼓励教师创造性地探索新的教学途径，改进教学方法和教学手段，组织丰富多彩的教学实践活动，为学生学习营造一个兴趣盎然的良好环境，激发学生学习历史的兴趣。

运用白板进行教学，需要在教学中以问题探究教学为主，使教师能够根据教学内容的容量、重难点的不同多提问题，让学生参与讨论、思考问题，以达到训练思维的目的，同时尽量利用白板技术巧妙地解决教学中的"供"（老师）"需"（学生）关系和知识传授与能力培养的有机结合，这要求老师在教学中要创设好教学情境，设计出"好问题"，综合运用图片视频、音乐、文字等再现历史场景，从多方位刺激学生感官，激发学生的学习兴趣，以达到陶冶学生情操、拓展学生知识空间，甚至达到激发学生创新意识的目的。

【教学设计说明】

(1) 教学目的。

- 了解工业革命的起因、过程和影响。
- 知道典型机器的发明：珍妮机、蒸汽机、火车。

(2) 能力要求。

- 分析工业革命前后，英国棉花、生铁产量短期大幅度增长表。

- 综合概括工业革命的进程和影响。

(3) 情感教育与价值观。

通过瓦特等一批具有实践经验的工人技师,经过反复钻研和试验取得重大发明,为人类社会发展做出贡献的史实,理解发明创造是人类社会前进的动力。通过课堂训练,培养学生的创新意识,明白即使是普通人也能创造性地为社会做贡献。

(4) 教学重点。

工业革命产生的重大影响。

(5) 教学难点。

厘清工业革命从棉纺织业工作机的发明到动力机的改进再到其推动其他部门采用机器生产到交通运输工具的革新,是一个互相推动的过程。

【教学过程概述】

新课导入:

我们在第五单元的13课学习了英国资产阶级革命,今天我们要学习发生在英国的一次经济领域的大变革,那就是英国工业革命。

历史课想要直观表达有一定难度,利用视频可拉近与历史的距离,老师一上课就抓住了学生的眼球,使用白板插入一段英国工业革命的视频,学生们饶有兴趣地观看,不知不觉进入新课的学习中。

一、工业革命的概念

通过放映视频资料,让学生结合课文内容概括工业革命的概念,然后拉开白板幕布遮盖的答案加以强调:工业革命是一次巨大、深刻的生产技术和社会经济大变革,是用机器生产系统地取代手工劳动的过程。

二、工业革命的背景

设问：工业革命为什么会首先发生在英国？

引导学生看书归纳原因，而后展示白板上的答案并加以讲解。答案中的前提内容和三个必要条件部分先覆盖一部分，然后，在讲前提时，教师以刮奖刷挂掉覆盖，呈现出：资产阶级政权的确立。紧接着老师设问，资产阶级政权确立后对此后的英国有怎样的影响？引导学生从13课的英国资产阶级革命影响中找出答案：为英国资本主义的迅速发展开辟了广阔的道路，加速了第一次工业革命的到来。然后指出：工业革命发生在英国还必须具备一些必要的条件。为了实现学生参与教学的理念，教学活动设计为让学生在看书找答案后上台将被覆盖部分的必要条件——用刮奖刷刷出，和学生自主的概括进行比较，如果正确，以掌声加以鼓励。最后老师强调，要具备的必要条件就是市场、资本、劳动力。通过刮奖的方式考查学生的理解是否正确，这种方式很吸引学生，如图 5-5 所示。

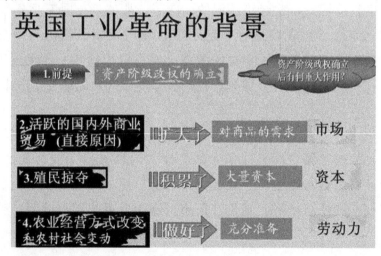

图 5-5　英国工业革命的背景

三、工业革命的过程

这是本课的一个难点，采用视频、图片资料加上老师讲述结合来完成，并且打破了课后才进行练习的模式，讲完就设计问题让学生复习本环节。

首先让学生看书掌握工业革命开始的时间（18世纪60年代到80年代），然后启发学生回答，工业革命是从发明机器开始，并且是从棉纺织业开始的。在这里设问：为什么会从棉纺织业开始呢？学生会思考这个问题但一般找不出答案，于是让学生观看工业革命前的英国纺织部门产量低、质量不高的有关视频，然后转入棉纺织部门工具和新机器的发明。这部分由老师通过有关图片并结合书本112页的表格进行讲述：18世纪30年代凯伊发明了飞梭（强调飞梭还不能称为机器，只是织布的工具）使织布环节速度加快，这就直接促进纺纱部门在技术上必须改进才能赶上织布的进度，在此基础上，哈格里夫斯发明了纺纱的第一台新机器——珍妮纺纱机，实现了多锭纺纱。但珍妮纺纱机纺的纱既细又容易断，所以阿柯莱特在此基础上发明了水力纺纱机，实现自动纺纱，可纺的纱粗，最后是克隆普顿结合前两者的优点发明了骡机，纺出的纱既细又不容易断，完成了纺纱部门的革新。而纺纱部门的革新又拉开了和织布部门的距离，这又使织布部门再次进行革新。到1785年，卡特赖特发明了自动织布机，实现了织布自动化。这样，纺与织的交替革新，终于使棉纺织部门齐头并进。由于使用机械化生产，英国的棉纺织产量和产值迅速提高。同时，英国的棉纺织业在动力上也完成了一大进步，由人力操作到水力带动机器运转，这也是纺织部门革新的一个成就。

这部分边讲述边展示PPT中的有关图片，教师还设计了两组动画，讲清交替革新和动力的改变。老师游转于白板课件与PPT课件之间，白板笔点触即转，点触即打开相关文件。

这部分讲完后，请学生看书本 112 页最后一段，回答棉纺织业的产量产值提高后，其他哪些工业部门也开始陆续采用机器生产？学生回答后，老师指出，各行业各部门机器的发明和使用，必然引起生产组织形式和管理的变化，简述什么是近代大工厂制度，并让学生记住"近代工厂之父"阿克莱特。

设问：在机器设备越来越多地用于生产时，带动机器的水动力能满足大机器生产的需要吗？水作为动力有没有局限性？学生回答后归纳：由于水动力受季节限制等局限，加之工厂选址等问题，对动力进行革新就显得非常必要了。因为学生平时对瓦特改良蒸汽机应该有所了解，所以可提问：是谁完成了这次动力的革命。在学生回答后，可以用视频或是老师讲述，指出瓦特改良蒸汽机完成了动力革命，客观上人们很久以来就在进行这方面的努力，主观上这是瓦特积极钻研、反复实践的结果，这说明了一个道理：有需要就能得到推广（可视时间的多少决定是否播放视频）。

强调：这是工业革命中最重大的技术发明，它使人类社会进入了蒸汽时代（在这里进行情感教育与价值观教育：通过瓦特等一批具有实践经验的工人技师，经过反复钻研和试验取得重大发明，为人类社会发展做出贡献的史实，理解发明创造是人类社会前进的动力。通过学生思考，培养学生的创新意识，明白即使是普通人也能创造性地为社会做贡献）。

设问：蒸汽机的运作需要什么能源来推动呢？学生回答"煤"后，转入工业革命中的新能源——煤、铁的讲述。结合 114 页书本内容，说明科尔特发明的"搅炼和碾压法"这一技术发明把英国的钢铁生产一举推到世界最前列。并引用英国铁商威金森的预言"未来的世界是钢铁的"，问学生：现在就是威金森预言的"未来世界"，我们的生活生产各领域离得开钢铁吗？然后指出英国建成了世界上第一座铁桥。

给学生展示一幅图片：运煤的马车正吃力地行进。问学生：当蒸汽机作为动力促使各行各业的生产力大大提高的时候，原料产品需要运输到不同地区，像这样的马车能完成运输任务吗？学生回答"不能"，进一步问，那这种现象对哪些部门又提出了革新要求呢？学生回答：交通运输业的革新。指出：19世纪人类在水路、陆路上都进行了革新。让学生在看书的基础之上回答问题：开创了人类陆地交通新纪元的是？英国人斯蒂芬孙研制的火车，然后补充英国1825年建成世界上第一条铁路；美国人富尔顿发明的汽船大大缩短了远洋航行的路程，如图5-6所示。

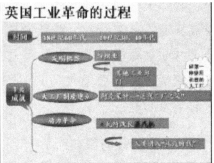

图5-6　课程截图

老师用 PPT 介绍了工业革命的过程后，为了检验学生对难点问题的掌握程度，设计一个问题：你能简单叙述工业革命发生的过程吗？请学生回答。老师切换到白板课件下，打开探照灯，逐个探照发展过程中的主要知识点，随着灯光的移动，知识点渐渐形成一个链条：纺与织的交替革新→其他部门使用机器生产→生产组织形式的改变→动力革命→交通运输业的革新。这种生成知识链条的方式也符合九年级学生的思维发展特点，记忆知识有绝招。

此时通过拉曳提前导入的结论得出：工业革命就是一个各行业相互推动相互促进的过程，使学生对此理解深刻。

为了加强学生活动，设问：你能写出各行业部门最典型的机器发明吗？老师先呈现关键问题，下面留着空等着学生填。老师将白板笔设置成普通笔，交给一个跃跃欲试的学生，这次也有学生大显身手的机会了（如果写错了也无妨，请其他同学上台纠正，目的是调动学生的参与热情，活跃课堂气氛）。通过这个即时的复习巩固环节，解决本课的难点问题。

四、工业革命的影响

让学生朗读 116 页的有关内容，然后分别展示三段视频，使得学生对工业革命影响的了解从形象入手。

每播放一段视频，请学生总结视频内容说明了工业革命的什么影响。三段视频分别是英国万国博览会、大工厂烟囱的滚滚浓烟，欧美各国的一派欣欣向荣的景象。学生概括出第一段视频说明英国成为世界上第一工业强国和"世界工厂"的地位；第二段视频说明工业革命在给人类带来幸福和进步的同时也面临着新的矛盾和挑战；第三段视频说明欧美各国通过工业革命奠定了坚实的物质基础，由农业国变为工业国。在此基础上，由教师引导总结出，工业革命的影响还有：使人类进入了蒸汽机时代,创造了巨大的生产力。此处可以展示英国棉花、生铁产量增长表,让学生分析两张图表的变化,并说明这些变化说明了什么问题,由此提高学生的分析、概括能力。最后总结:英国棉花、生铁产量短期内出现了大幅度增长的原因就在于,英国工业革命的开展创造了巨大的生产力。这样一举例,学生对这点影响的理解会更深刻一些。

最后还要强调一个影响:英国海外殖民活动进一步加强,造成了西强东弱的世界格局。中国鸦片战争对中国的影响就是工业革命后世界格局形成过程的典型例子。

老师想加强对工业革命影响知识点的把握,用填充颜色为白色的矩形几何图形做了遮挡,通过向下逐层拖曳动作,显示出需要展现给学生的知识点。将集群知识分成分段知识,学生还是很受用的。

一节课的主要内容结束了,老师将知识点整理在白板上,有条理,特别容易记忆。

五、小结

在屏幕上展出本课需要了解、掌握的一些知识点。

教师总结:工业革命的经历告诉我们,技术革新对社会生产力有很大的推动作用。这说明,科学技术是第一生产力,国家的强大离不开科教兴国,我们在学习过程中也要多培养创新意识。

六、课堂练习

接着,老师就本堂课的学习内容出了2道选择题、4道分组抢答题和1道分组讨论题。在窗口模式下,老师很轻松地打钩、做标记,并利用字体可以随意放大或缩小这个功能使答案进行由小到大的展现。

5.4.4　政治学科教学案例

【教学内容】 我们也来做议案

【授课教师】 范晓红（四川省绵阳七中）

【教师心得】

交互式电子白板不仅是一套硬件设备，在教与学整个过程中它还是个平台，这个平台的最大作用是对资源的整合。音频、视频等资源自然不在话下，它还能整合很多其他资源，包括网络资源、电子教材等。

【教学设计说明】

（1）本节课的教学目标。

- 让学生了解一份完整的议案包括哪几个部分，各部分需要注意什么问题，如何写议案。
- 培养学生关心国家大事的能力和参政能力。
- 增强学生的社会责任感，培养学生的国家意识和主人翁意识。

（2）教学过程描述。

一上课，老师就在白板上呈现出一副对联，中间特意留出横批让学生补充，学生琢磨着对联，想着恰当的横批，当老师将学生的答案用"毛笔"写出"人大代表"四个大字时，新课由此展开。

黑板换成了白板，书写功能一点没减，老师用白板笔中的毛笔进行板书，道出这节课的主题是：我们也来做"议案"。

什么是议案、谁来写议案、议案怎么写等问题比较复杂，老师在白板上采用插入超链接方式插入一段视频，让学生对议案先有感性了解，同时把学生的好奇心也调动起来了。

　　学生观看了人大代表提交议案的经过的视频，对其重要方面还没有足够的了解，老师采用填空题的方式让学生把握重点。填空题的答案通过白板笔的拖曳显现出来，此时老师变成了魔术师，通过白板笔的轻轻一滑，答案就浮出水面了。

　　要写议案，先要了解议案，看看议案是什么样子。此时，直观的呈现就很必要。老师将一篇完整的议案展示在白板上，通过用白板笔在议案上画线、画圈、做批注的方式，让学生了解议案的构成，这种边读边做标记的方法，让学生觉得更易理解。

　　白板软件中画笔很多，做批注时用普通笔，写板书时用毛笔，老师转换得游刃有余。看完议案，学生总结出议案的构成，老师在页面预览中找到板书页面，并用毛笔再次潇洒地书写。

　　学生比对着课本学习知识，在低头抬头间既转移了注意力也浪费了时间。老师将重要的内容放到白板上，在需要注意的地方加上批注，想学生之所想，这种方式既简单易行，又能集中学生的注意力。

　　老师在详细讲解议案的写作步骤后，趁热打铁在白板上呈现出课堂活动，并画出需要注意的地方，方便学生在写议案时及时提醒。

　　经过激烈的讨论和认真的写作练习之后，老师利用数字教室创设人大代表提交议案的现场，在白板中插入模板当做台上背景，烘托了气氛，学生的切身体验更加深刻，觉得自己真的成了人大代表了，如图 5-7 所示。

图 5-7　模拟人大代表提交议案现场

为了让学生知道议案的上交机构，老师插入图片引出了问题，并将学生的答案用白板笔展现出来。至此，一项完整的议案提交完毕，内容自成一体，学生真切地体验到了人大代表如何提交议案。

当感性知识呈现后，老师从页面预览中点击出课堂知识点板书页面进行总结。这有助于九年级的学生在大脑中建立起知识网络，更好地消化这节课的知识。

老师对这节课也是有想法或感言的，也想将之一吐为快，老师用白板最后展示了自己对学生的寄语，用声音和文字表达出对学生的期望。

5.5　实验科学类课程

在基础教育中，实验科学类课程包括物理、化学、生物。这类学科的共性是需要培养学生的观察能力，初步掌握实验科学的思想和方法,培养学生的科学思维和问题意识,提高学生的分析能力和创新能力。

在实验科学类课程教学中,搞清一个现象的发生发展过程常常是解决问题的前提,交互式电子白板在教学过程中起着资源展示平台的作用,较好地融合了黑板、多媒体电脑和投影仪的功能,通过整合传统的和现代的教学资源把复杂的过程充分展现出来,使学生能通过观察、联想和想象去理解动态的物理、化学或生物过程,形象地建立起相应的学科解释图景。这样一方面能使学生利用自己原有的认知结构,顺应当前所学的知识,实现对知识意义上的建构;另一方面又能在此过程中培养学生的形象思维能力,有利于他们产生灵感和顿悟。

在这一章中,我们将分享采用交互式电子白板开展实验科学类课程教学的一些心得和一些被证明行之有效的教学策略。

5.5.1 实验科学类学科教学提示

- 应用多媒体资源创设情境,有助于激发学生的学习兴趣,启迪思维,发展想象力。
- 比较抽象的科学知识和难以想象的科学情境,可以利用动画、图片来帮助学生理解掌握,起到事半功倍的效果。
- 有些名词对于城市中的学生是很陌生的,比如说铁矿石、化肥、抽水机、水泵等,为使他们对知识的接受更顺理成章,可以在讲到陌生名词时插入相关图片,增加其感性认识,使其能更自然地接受新知识。
- 科学家在特定的条件下完成的一些特殊实验,教师不可能在课堂上演示,只能借助图片、视频、文字让学生通过想象在头脑中再现,如核电站的工作流程。

- 和实物展台结合，把实验无法看清楚的内容清楚地展示在白板上，并且教师可以在展示内容上进行批注，这极大地发挥了课堂的生成性。
- 使用思维导图让学生以个人或小组为单位构建知识网络图，有助于学生掌握学科的知识体系。
- 有些实验用时较长，可以采取阶段性拍片的方式记录实验过程，在教学中通过照片的切换演绎实验过程，比制作动画更容易。
- 对于课堂来说，好的问题导引，会让学生眼前一亮，提起学生的兴趣。如果好的问题设计再加上白板的聚光灯和显露工具进行强调，就会起到画龙点睛的作用。
- 在讲解图片或图表的时候，可以使用放大镜把某个区域放大，突出显示。
- 对于受实验条件的限制，实验可见度低或出现违规操作时会导致危险后果的实验，可以利用仿真实验室来讲解或预练。
- 可以利用扫描仪、数码相机等事先做好概念、定理、公式、关系图、例题的图片，将其放到资源库里，用于授课展示和复习，这样做可以节省老师的抄写时间，提高课堂的效率。
- 对学生常犯的错误，比如做题时格式不规范等，进行拍照，在此基础上做重点分析，排除其他内容的干扰，更利于学生对知识的牢固掌握。
- 多让学生上台来讲解他们的解题思路、思考过程，让其他同学进行质疑、提问，这样可以增进所有人的理解。

5.5.2 化学学科教学案例

【教学内容】 碳的几种单质

【授课教师】 凌敏（四川省绵阳七中）

【教师心得】

基于交互式电子白板的互动课堂，从某种意义上讲，是把传统课堂与多媒体课堂有机地融合在一起。在互动课堂中，交互式电子白板既是电子白板又是计算机屏幕。在白板上书写的内容可以直接存储在计算机中，同时白板可以实现对计算机的各种操作，而所有操作的结果都可以在白板上显现出来，因此既可以使教师从多媒体课堂的机器束缚之中解放出来，重新回归自然状态的课堂，实现课堂中的情感交流，又可以使教师和学生从传统课堂中的板书和笔记的束缚之中解放出来，有更多的时间进行思考和交互。

【教学设计说明】

本节课的教学目标：

(1) 知识与技能目标。

了解金刚石、石墨的物理性质和主要用途。了解木炭的吸附性及原因。知道不同的元素可以组成不同的物质，同一种元素也可以组成不同的物质。能以发展的观点看待碳的单质。

(2) 过程与方法目标。

学生根据教师的引导，通过分析观察自己收集过的废旧电池中的碳棒、不同型号（2H、HB、2B等）的铅笔以及铅笔芯、玻璃刀、冰箱用去味剂、碳素墨水、墨块等物质，提高对化学的好奇心和探究欲，学会运用比较、归纳等方法对知识进行整理和加工，培养学生自主探究的能力。

(3) 情感态度与价值观目标。

使学生充分获得亲自参与、探究的机会，发展勤于思考、勇于创新的科学精神；通过紧密联系实际，培养学生关心社会、关心自然的情感。

【教学过程概述】

本节课没有太多的导入活动，直奔主题，点明今天认识几位新朋友——碳元素的几种单质。首先介绍金刚石，通过引入有关金刚石的图片，从不同角度呈现金刚石的性质：无色透明正八面体（打磨成钻石装饰品）、天然存在的最硬物质（钻头、玻璃刀）、良好的导热性，以吸引学生的注意力。

接着以同样的方法介绍石墨。在介绍石墨比较软，可以用来做铅笔芯的时候，老师提问了课前给大家布置的作业，上网查找铅笔上的 H、B 代表的含义，促发学生对化学的好奇心和探究欲。在讲解石墨的导电性时，让学生自己动手设计石墨导电性的实验，并根据学生设计的方案进行演示实验，证明石墨（铅笔芯）具有导电性。

在呈现了石墨的性质之后，对石墨的性质进行总结。并和金刚石的性质进行比较，引出问题：为什么同一种元素形成的两种单质在性质上的差异很大呢？

接着从微观的角度分析产生差异的原因。老师给出金刚石和石墨的结构图，从微观的角度分析差异存在的原因，得出结构决定性质的结论。

在介绍了金刚石和石墨之后，老师以习题的形式进行小结。引出如下问题：金刚石和石墨是同一种物质吗？石墨在一定条件下变成金刚石发生了什么变化？是化学变化还是物理变化？这个特殊的例子加深了学生对化学反应的理解。

在理解了金刚石和石墨的性质之后,老师又引出了碳的其他几种形态,活性炭、木炭、焦炭、炭黑等。由于它们是由石墨的微小颗粒和杂质组成,因此严格来说不是碳的单质。并通过实验的方法探究了活性碳的吸附作用。实验中需要用到被吸附的有色物质二氧化氮的制取,老师调用了课前准备好的大量的实验装置图,供同学们分析选择。

在得到二氧化氮之后,进行对比试验,证明活性炭具有吸附有色气体二氧化氮的作用。

接下来又通过插入实验视频,观看了木炭的吸附性。引出问题:木炭使红墨水褪色,活性炭吸附有毒气体发生了什么变化,表现出木炭和活性炭的什么性质?引导学生对前面所学知识的理解。在研究炭黑的时候,老师让同学们亲自动手实验制得炭黑,并通过看、摸来体验炭黑的性质。然后又介绍了第三种单质"碳60"的性质及应用前景,把高科技的信息带进化学课堂,激发学生对化学的热爱。

课的最后,老师用概念图总结了本节课的主要内容,并要求学生也试着用概念图去总结和整理知识。

5.5.3 生物学科教学案例

在使用交互式电子白板的课堂上,学生不仅可以通过视频观看生物成长的过程,还可以通过动画了解生物原理,通过网络了解全球的生物分布,通过远程合作开展真实、有价值的生物研究。使用交互式电子白板的生物课堂可以让每个学生都像科学家一样思考,像科学家一样做实验。

【教学内容】探究唾液的消化作用

【授课教师】李京伟（北京市第十二中学初中一部）

【教师心得】

这堂课借助生物实验法引导学生对唾液淀粉酶对淀粉的作用进行探究学习，在探究实验中着重培养学生设计、表述实验的能力，在新知识讲解部分主要采取探究的方式，逐步引导学生思考并探究。交互式电子白板主要用于开始的知识复习（画消化系统）和后面的讲解分析。

【教学设计说明】

本节课的教学目标：

（1）知识目标。能够完整地描述出淀粉在口腔中的消化过程。

（2）技能能力目标。学生能够以小组合作的方式设计并完成实验"探究唾液淀粉酶的消化作用"。

（3）情感目标。通过提取口腔内的唾液淀粉酶并完成实验过程，学生能够关注自己的身体结构，认识到人体复杂的结构与功能之间的统一性。

- 教学重点和难点：探究唾液淀粉酶的消化作用。

【教学过程概述】

一、导入

本节课的导入活动是组织学生绘制人体轮廓图，并在轮廓图上画出消化系统（消化器官与消化腺）。这样做，不仅复习了已学知识，而且通过绘制自己的消化系统，使学生能够关注自己的身体，激发学生的学习兴趣，如图5-8和5-9所示。

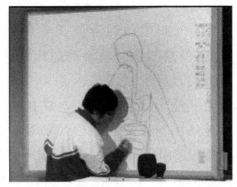

图 5-8　绘制人体轮廓图　　图 5-9　在轮廓图上画出消化系统

老师出示图片（证明淀粉与葡萄糖不同透过性的实验装置），提问：此实验的结论是什么？食物中的大分子物质必须被消化酶消化成小分子物质才能被人体吸收。提问：食物在人体内消化的第一站是哪儿？演示图片（咀嚼食物），通过肉眼能直接观察食物在口腔内由牙齿的咀嚼将食物磨碎，食物由大变小。通过设问：口腔内的消化腺在消化过程中起到什么作用？消化系统的其他结构又是怎样消化食物的？进行思维定向，引入本堂课话题：食物的消化过程。

二、提出研究问题

在探究唾液淀粉酶的消化作用的过程中，首先组织学生咀嚼一块普通的馒头，提问："在你咀嚼馒头后是否感觉到略有点甜味，这是为什么？"

（分析：以一块馒头在人体的消化过程为线索，对食物在体内的消化过程展开探究。学生可能每天都要吃馒头，但在课堂上吃这一小块馒头，让孩子们觉得科学就在他们生活的每一个小细节里，研究已经成为生活的常态。）

通过慢慢地咀嚼馒头，学生感觉到甜甜的味道，老师进一步追问：馒头中的营养物质有哪些？（正确答案：水、淀粉、蛋白质。）但这些物质是没有甜味的，为什么会感觉到甜？馒头在我们咀嚼的过程中到底发生了什么样的变化？如果学生提出是因为蛋白质变性，追问为什么吃鸡蛋时没有感觉到甜味？然后直接告知唾液酶中不含分解蛋白质的蛋白酶。最后顺理成章地得出这样一个假设：咀嚼馒头之所以感觉到甜，是因为馒头里的淀粉在唾液淀粉酶的作用下，把淀粉变成了糖。

是不是这样的原因，还需要进行实验探究，那么如何设计这个实验呢？

三、设计实验

老师借助生物实验法引导学生对唾液淀粉酶对淀粉的作用进行探究学习，在设计实验的过程中要注意一系列问题：怎样检测淀粉发生了变化，可以选用哪种试剂？碘液和淀粉发生反应的现象是什么？直接用唾液是否可以？怎样去除唾液中的气泡？（讲述：提取唾液淀粉酶的方法：舌头顶住上颌堂，使唾液缓慢地从下唇流出。）唾液能使淀粉发生变化，一套装置是否可以检验出来呢？研究一个问题至少需要设计几个实验？此实验中需要控制的对照因素是什么？怎样设计对照组和实验组？实验组与对照组有哪些不同？其他相同处理怎样保证处理是相同的？

（分析：经过设问，引发学生对实验的思考，激发实验兴趣。这样，学生在进行实验设计时就会有的放矢，有针对性地进行思考。）

分组讨论实验设计方案，并借助实物展台，分析学生的设计方案，总结学生设计实验过程中存在的问题，得出最终的实验设计。

四、进行实验，分析结果

学生按照以上分析过程得到实验设计流程，并进行实验。老师进行个别指导，并对学生操作过程中存在的一些问题进行记录，如图 5-10 所示。

图 5-10　学生在做实验

组织学生进行实验并记录观察结果，提问：哪个试管内液体变色了？哪个没有变色？实验假设是否正确？通过实验得出什么结论？

五、拓展交流

学生实验完毕，老师进行实验示范，一边实验一边解答学生在实验过程中存在的问题。提问：此实验中，哪些因素设计的是相同的？还可以考虑设计哪些因素进行深入探索？（例如温度）不同温度对唾液淀粉酶的活性是否有影响？推测：0 摄氏度、37 摄氏度、100 摄氏度下酶的活性是怎样的？老师演示：0 摄氏度、37 摄氏度、100 摄氏度环境中，唾液淀粉酶的检验结果。提问：观察不同温度下处理的液体颜色是否一样，这说明了什么？（酶的活性受到温度的影响。）并引导学生注意，在设计实验时，除了要考虑选择适当的实验材料和工具、能够看到的外界环境以外，还要考虑周围的不易观察的因素，如温度、光照、空气等。最后板书小结：食物的消化过程是机械的物理消化和酶消化共同进行的，如图 5-11 所示。

图 5-11　老师进行小结

六、结束

通过探究实验，完成了本节课的主要内容，老师趁热打铁总结食物的整个消化过程。演示 Flash 动画，动态观看淀粉在口腔中的变化，讲述食物在人体中的消化过程是借助消化道的机械作用和消化腺分泌消化酶的化学作用的结果。提出讲述重点：探究唾液淀粉酶的消化作用。最后以一个开放式设问结束本节课：馒头在口腔中并没有完全被消化，之后它又将发生哪些变化？

5.6　艺术与技术类课程

中小学的艺术修养类或称美学类课程包括音乐、体育、美术。新课标要求这类课程以审美体验为核心，教学过程就是师生共同体验、发现、创造、表现和享受艺术美的过程，对音乐、美术基础知识和基本技能的学习，要有机地渗透在艺术的审美体验之中；学习内容应生动有趣、丰富多彩，有鲜明的时代感和民族性，要引导学生主动参与美育实践，尊重个体的不同体验和学习方式，以提高学生的审美能力，发展学生的创造性思维，形成良好的人文素养，在潜移默化中培育学生美好的情操、健全的人格和体魄。

以美术教学为例，美术是一种视觉艺术，交互式电子白板的诞生，使得以前色彩单调的黑板变得五彩缤纷，既可以如以往那样自由板书，又可展示、编辑数字化的图片，控制视频、音频的播放。这不仅可以把教学过程生动形象清晰地示范出来，进一步提高课堂教学的示范性和灵活性，而且有助于在强调美术情感体验的同时，引导学生对美术表现形式和情感内涵的整体把握，领会美术要素在美术表现中的作用。

在这一章中，我们将分享采用交互式电子白板开展艺术与技术类课程教学的一些心得，一些被证明行之有效的教学策略。

5.6.1　艺术与技术类课程教学提示

- 预先将教学所需的图像、视频、音频、动画等文件准备好，用于课中展示和点评。
- 为学生创造在白板前操作的机会。

- 根据需要保存教学过程（用白板的回放功能可以再现书写和绘画的全部过程）。
- 学生习作时，可以播放美妙轻柔的乐曲。
- 可以结合实物展台，分享学生作品。
- 用放大镜功能观察名画的细节。
- 可以请多人上台用拖曳功能教体育团体项目的游戏规则和对弈策略。
- 可用并列页对比讲解不同的画作。
- 体育比赛、乐器演奏等都可以用暂停视频的方式观看细节。
- 可以记录学生的演奏，在大屏幕上重播学生的作品。
- 对于学生的编曲，可以边写边试奏。
- 一步一步地放大展示作画技法。
- 用同一颜色来显示同样的音乐段落，突出循环。

5.6.2 美术课教学案例

【教学内容】重复的魔力

【授课教师】何英（江苏省南京市第二十四中学）

【教师心得】

根据新课标的要求，在美术课例《重复的魔力》中，教师恰当运用了新媒体新技术（交互式电子白板）的特有功能，把"重复"这一概念有机地渗透在课堂活动的审美体验之中；生活中的重复与艺术设计的结合，体现了在新课标理念下，师生共同体验、发现、创造、表现和享受重复美的过程，构建了一个"开放、互动、对话、共享、以人为本"的课堂。传统的教学手段，完成这么多教学内容一般需要两课时，但是本节课使用了电子白板，大大节省了时间，可以在一课时内完成。

美国教育家布鲁纳说过:"学习的最好刺激,乃是对所学材料的兴趣。"电子白板的引入及使用,大大提高了学生学习的自主性和积极性,有效激发了学生的学习兴趣,更活跃了课堂学习氛围。电子白板教学为师生提供了一个优秀的教育平台,使丰富的教学资源在课堂教学中充分发挥其应有的效能,让课堂教学更加生动精彩,达到了事半功倍的效果。

【教学设计说明】

这堂课的内容是苏教版美术第十四册第七课《重复的魔力》。平面设计是现代美术设计中的一种特殊的设计语言,本课选择了最常用、较为简易的表现手法——重复进行教学。

(1)教学目标。

● 通过观察、评析、欣赏、感受平面构成的形式美感,来提高审美能力。

● 学习和掌握重复构成方法,并进行有创意的创作,体验创作的乐趣。

● 通过学习与体验,开拓艺术设计思路,培养学生勇于创新和善于表现的能力。

(2)教学重点。认识重复的特点和多样的排列构成形式。

(3)教学难点。如何运用所学知识,表现重复的图案,进行大胆创新。

【教学过程概述】

一、创设情境,引入新课

(1)课前先播放一组生活中的重复的图片,配上具有重复旋律的音乐,营造氛围。

"重复在我们生活中无处不在,但往往被我们忽略,社区的街景、校园的地砖、教室里的灯管……"可以利用我们身边熟悉的素材来营造氛围。

（2）播放奥运开幕式《活字印刷》的视频。

美术课标强调："要在美术教学中创设一定的文化情境，让学生加强对文化和历史的认识。"因此此处选择活字方阵的视频来作为导入。

2008年北京奥运会上，张艺谋缔造了一个独一无二的人间神话，请看，近千个汉字组成了一个大方阵，动作整齐，又富有变化，那种震撼人心的恢弘气势和强烈的视觉冲击，让我们感受到了重复带来的整齐、有序、和谐、统一的美感，同时，也感受到我们祖国光辉灿烂的文化。那么，现在就让我们一同去感受重复带来的魅力吧！

二、实例探究，感受重复

这个环节是本节课的重点，也是难点。根据学生的认知水平，教师设计了认识重复、感受重复、设计重复三个步骤。

（1）认识重复。

① 基本形和骨格

先观察一盒钢珠，为什么能这么整齐地排列呢？引出基本形和骨格——重复的构成要素。接着由钢珠引出平面的重复图形，得出重复的含义，如图5-12所示。

② 自然界中的重复和生活中的重复

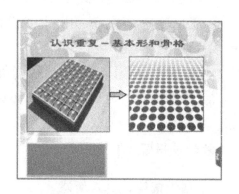

图5-12 基本形和骨格

利用白板的聚光灯和放大镜，突出显示物品上重复的基本形，如图5-13和5-14所示。

图 5-13 基本形和骨格

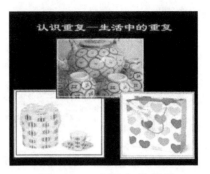
图 5-14 生活中的重复

学生活动一

观察奥运会图片,请学生上白板,用图形笔画出骨格,再从资源库里选择一个图形,利用"无限克隆"功能进行重复构成的练习,如图 5-15 所示。

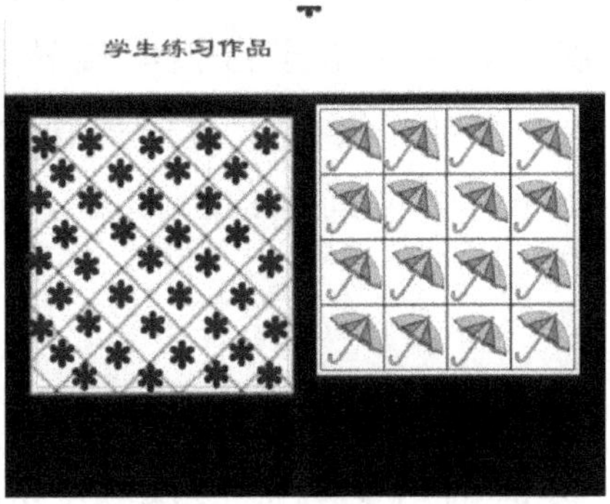

图 5-15 学生练习作品

(2)感受重复(难点)。

深入探究,重复中的变化因素——基本形的方向变化、骨格的变化。

① 骨格的变化

再出示奥运图片,请学生仔细观察,人物的排列发生了什么变化?用图形笔在白板上画一画(波浪形、圆形骨格),如图 5-16 和

5-17所示。

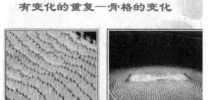
图 5-16 骨格的变化

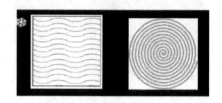
图 5-17 骨格的多样化

② 基本形方向的变化

请学生仔细观察两幅重复构成，并找出基本形，用聚光灯突出显示并放大，学生发现两种不同视觉效果的基本形是同一个。接着，请学生仔细观察，利用电子白板的旋转功能，对其中一幅图进行转动，瞬间从一个效果变成了另一种视觉效果，非常奇特。再让学生到白板上操作，体会局部的基本形方向多种变化，感受重复的魔力。

学生活动二

利用白板的"无限克隆"功能，学生到白板前设计简单的重复。这个环节是对前面所学内容的反馈，从中发现问题，对症下药。

③ 重复的另两种形式——分解重复、对称重复（演示）

在白板上演示分解重复和对称重复，如图 5-18 和 5-19 所示。请学生说说，你见到过哪些对称重复的图形：蜻蜓、蝴蝶、人体……接着从资源库里拖出一幅风景图片蝴蝶，加以克隆、缩小、放大，再进行方向的变化，散落在风景画中，瞬间一幅蝴蝶的装饰画就完成了，如图 5-20 所示。

图 5-18　分解重复　　　　　　图 5-19　对称重复

图 5-20　蝴蝶的装饰画

三、自主实践，创作重复

学生自由创作。用重复的方法，创作具有重复元素的装饰画。这个环节，学生可以自由创作，没有任何限制，充分发挥学生的想象力和创造力，如图 5-21 所示。

图 5-21　学生作品

学生利用资源库里的图片和无限克隆功能进行练习,形成教学的生成性资源。

四、欣赏评价,拓展延伸

作品完成后是欣赏评价,采用学生自评、互评和老师讲评的方式,以鼓励为主,学生从中获得了成功的体验。

课标指出:"美术应遵循审美规律,多给学生感悟艺术作品的机会,引导学生展开想象,进行比较。"在拓展部分,可以展示各个领域中的重复设计作品给学生欣赏,拓展学生的思维。启发学生:巧妙地利用重复,可以美化我们的生活,希望同学们在生活中能用心灵的眼睛去发现美。

5.6.3 体育课教学案例

【**教学内容**】足球暴力与体育礼仪
【**授课教师**】取自英国材料
【**教学过程概述**】

在上一堂课中学生已经学过了足球规则,也见识了一些潜规则,比如场中有本队球员受伤,会将球踢到场外。

上课后,老师先给学生看几张球场上的照片,让学生判断有无犯规,为什么,并在图上标记,老师接着会给他们看很多张图片,可以使用白板软件的探照灯功能,来突出某个运动员的情绪是怎样,正在发生什么,以及谁要对此负责任。学生被要求以小组形式进行讨论,形成一个列表,列出在运动场上可被接受的行为和不被接受的行为,讨论这些行为会给球员和比赛带来什么伤害,由此点出运动员的体育道德概念。

接着老师请大家讨论观众对于体育运动的作用,学生谈到观众是运动员的衣食父母，买门票买纪念品，让电视广告有收视率，俱乐部因此有钱雇佣优秀球员等。在谈了观众对体育的积极作用后，转而谈观众的不良行为，比如对运动员或其他观众的暴力行为所带来的伤害。这时老师可以给学生看历史上几场著名的足球暴乱的新闻报道（报纸或视频），也可以请学生自己去找有关的记录。学生可以对这些文字报道加注释，加标记，对于视频资料可以暂停，看细节，需要时重复播放等，写下这些暴力事件对足球比赛、参赛俱乐部和更为广泛的群体所造成的负面影响。

通过翔实的资料和不同角度的分析，学生对于球迷不法行为所带来的危害就有了较为深入的了解，这时再谈运动员管理、立法等，学生就能够理解并接受了。

5.6.4 信息技术课教学案例

【教学内容】 组建家庭局域网

【授课教师】 谭立鹏（四川省绵阳市实验中学）

【教师心得】

在接触交互式电子白板前，我就接触到一个词——生成性课件，在国外很多课堂实践中都十分推崇生成性课件，要求教师的课件应该在教学过程中生成，而不是事先做好。我很赞同这一点，但我一直不能理解：如果只是用PPT的话，肯定无法现场生成，因为PPT的现场修改非常麻烦；如果只用黑板的话，那就不是课件了，还不如让学生记笔记。这个疑惑一直延续到接触交互式电子白板后，延续到我对它的生成能力的认识后。下面这堂课的教学过程就是我和学生一起生成课件的过程。让学生参与到整个课件的制作过程中，实际上就是让学生参与整个学习过程，引导学生自主学习，学会学习，这些不都是新课改的理论精髓吗？

著名的媒体技术专家克拉克曾说："教学设计决定了学习者的学习。"一个好的教学设计可以引导学生更好地掌握学习的方法而不仅仅是概念，教学项目的实用性能激发学生的学习兴趣，而贴近生活更能让他们学以致用，但仅有这些还不够，还应该让一种先进的媒体承担载体的作用。我的教学实践证明交互式电子白板完全能胜任，它在生成性课件方面的优势让我在教学策略的选择上游刃有余。我相信，交互式电子白板将在如火如荼的教学改革中大展宏图，有了它，中国的课堂教学改革将迎来又一个春天。

【教学设计说明】

高中信息科技教材（华师大版）第三篇主要讲的是网络，教材中关于网络的专业术语比较多，老师们普遍反映这些专业术语限于时间原因无法给学生讲清楚，即使讲了学生也难于理解。与此同时，学生对于上网浏览、收发电子邮件、网上聊天等基本的网络操作非常熟练，他们迫切需要一些更深层次、更贴近生活的内容，使他们能融会贯通，更好地掌握网络知识。

在课前的不完全统计中发现，学生家庭里组建了局域网的大概占到 $1/6 \sim 1/5$，实际有需求的可能更多，在这些有实际需求的学生中，实际参与组网过程的其实并不多，能讲清楚网络设备的名称及相互区别的少之又少。

基于这些现状和调查结果，我以"组建家庭局域网"为题设计了一个探究项目，并且定了一个以节约家中现有资源为主的基调。在探究过程中，学生既可以体验解决问题的过程，又可以把课堂学到的知识应用到实际生活中去，还能培养团队合作精神、科学的学习态度、灵活的应变能力等。

【教学过程概述】

本节课是此项目的一节展示课,主要是各小组展示自己的探究成果,对各组的方案进行优缺点分析,并让学生真正动手组一个网,体验组网的过程。

第一幕 课的第一部分是学生分组上台来把小组的组网方案展示给所有同学。事先我画了八个小组演示组网方案的房间模型,模型旁边增加了一个台式机和一个笔记本的图标,用了白板软件中的"无限克隆"技术,让上台演讲的学生可以无限制使用。页面下方还留有空档,一旦小组方案重复过多,或者缺乏典型方案的话,我可以在课堂上随时用"克隆"的方法增加一个房间模型,把方案补进去。在课前准备中,我收集了尽可能多的组网方案,收集了这些方案中可能用到的所有网络设备的图片,然后附加在交互式电子白板软件的图库中,便于学生上课的时候随时调取。

八个小组代表依次在交互式电子白板上用手代替鼠标拖动电脑、路由器等设备,然后用智能笔画出连接线,同时对所选方案进行介绍。

学生上台及时呈现内容是黑板的优势,但交互式电子白板能更充分地发挥这种优势,甚至更具特点,学生实际操作能增加他们的兴趣,同时还能节省时间。这点从八个小组展示用时不到15分钟就可以看出,而且老师们普遍反映,交互式电子白板能增加课堂容量。

第二幕 老师从八个小组的方案中筛选出四个有代表性的方案,用复制、粘贴的方式复制到第二张页面上,准备进入下个阶段。这点是交互式电子白板的突出优势,课堂上老师可以根据学生的反馈及时选择教学内容,对学生小组的方案进行去芜存菁,提高教学的针对性。这样一来,每一节课生成的课件就都会有少许不同,但又在老师的掌控之中,我想这就是生成性的课件的魅力所在吧。

第三幕 课的第二部分是对所选的方案进行优缺点分析。我事先在页面下方设计了一张表格,表格中列举了三种可能的优缺点分析项目——价格、方便性、速度。当然,要分析典型方案的优缺点远远不止这三点,因此,在表格的下方还留有一些空行,我希望学生在课堂上能列举出其他的分析项目,比如可扩展性、美观度等方面。实际在上课的过程中,果然出现了一些我事先并未预料到的情况,比如有位同学提出了无线路由设备会有电磁辐射的问题,这是我在课前准备的时候没有考虑到的情况。此时交互式电子白板的优势就体现出来了,我在原先设计好的表格下方又增加了一行,及时把这部分补在了后面,就像我事先准备过一样。白板让我免出洋相。同样,在课堂上,学生也没有提及组网过程中非常重要的一点——可扩展性,我用模拟一个生活中的场景的方式提示学生,然后把可扩展性添加在表格的最后。

在交互式电子白板上做这些动作轻而易举,而且能够积极应变,按照课堂进程及时改变教学设计和教学策略,学生的理解也更为直接。其他教学手段中,PPT只能做到预设过程,也就是教学过程只能按照教师事先设计好的步骤进行,遇到变化情况时难以及时修正,甚至只能一笔带过,从而有可能扼杀学生的求知欲望并熄灭思维的火花,这对于现代教学来说是极为不利甚至是灾难性的,而交互式电子白板的优势有力地弥补了这些缺陷。

第四幕 课的第三部分是请两位同学上台,实际演示一种组网方案,模拟的场景是路由产品推广现场。两位同学的激情表演把课堂推向了高潮,交互式电子白板退居幕后,技术的使用也不喧宾夺主,学生成为课堂的主人。在参与这个活动的过程中,他们对组网的方法有了一定的了解,也能把前面所学的东西进一步融会贯通。

5.7 本章小结

本章分学科总结了各学科使用交互式电子白板开展教学的常用策略，并举了一些课堂实例。

教师在课堂上使用交互式电子白板开展教学的方式与教师所具有的学科专业知识有关，与他们所认识到的 ICT 对学科教学的支持能力有关，还与他们所具有的教法知识有关。我们可以看到，有的老师会使用交互式电子白板来进行学科知识的有效传递，有的老师只是用交互式电子白板来展示学生的作业。研究表明，最有效地运用交互式电子白板开展教学的做法是挑战学生的理解，促进其思考。老师能够获得的资源的数量和种类会影响启发式教学活动的开展，应该多用模拟和模型，而不是演示。教师需要拓展自身的信息技术知识，以便能够选择最适当的教学资源，开发出新的教法。

第六章 交互式电子白板教学研究

在优秀教师的成长过程中,教学研究起到很大的作用。交互式电子白板作为一种新的课堂装备,提供了很多值得探索研究的新课题。

做教学行动研究,很重要的一点是要做日常积累,教师博客和教师社区提供了记录和交流经验的场所。在这一章里,我们将介绍使用交互式电子白板开展教学研究的视角,介绍有关的研究理论,已经有定论的研究课题,推荐值得探究的话题,以及教师建立教学研究能力的途径。

6.1 开展教学研究的知识准备

研究文献表明,教师的教法知识以及对教法的认识会影响他们在教学中采用信息技术的方式,因此会影响他们学生的成绩。

一、教师的学科知识

老师在课堂上使用 ICT 的方式会受教师的学科知识、课程知识以及 ICT 与学科内容关系的影响,比如,有的老师会选择与某个专题有关的 ICT 资源,其他人则是用创新的方式展示学生作品,并不直接与教学话题有关。

教师的学科知识可能来自于其大学教育,在教学实践中不断发展,尤其是当教师能够不断地总结反思其教学成败时。教师的课程知识是教师对于特定的学生决定教什么、教多少、教到什么程度的认识,这要求教师要了解学生的学习能力、国家教学大纲要求、学校的年级教学计划等。

有证据显示:教师所具备的学科知识以及他们对学生理解学科知识方式的认识、他们对 ICT 的使用等都会直接地影响学生的成绩。当学生受到挑战去思考或者质疑他们的理解时,ICT 对学生的成绩影响最大,这可以通过学生自己使用聚焦话题的软件或者两人一组,或者全班展示来做到。使用 ICT 来展示和讨论学生作业的效果研究不多,因此对学生成绩的影响还不太清楚。

二、教师有关教法的知识

教法知识是用来管理课堂和组织学科内容的知识。教师自己的教法信念和价值观在形成技术为媒体的学习机会方面有重要作用,研究文献中并不太清楚这会导致技术用做服务来强化现有的教学方法,还是作为伙伴来改变教师和学生彼此交流及完成任务的方式。教师还需要额外的 ICT 知识,以便他们能选择最适当的资源。他们也需要理解课堂如何结合 ICT,需要为达到这个目标而开发新的教法,包括普遍通用的教法和一些具有学科印记的独到的教法。尤其是具体学科内容的特殊教法,不只是体现了老师对于教学内容和基本教法的了解,更体现了老师对于教学活动可能对学生学习产生什么影响的认识,也就是说,老师对于课堂教学效果的反思促使其形成了与特定学科知识相应的特殊教法。

三、教师使用 ICT 的教法实践知识

教师使用 ICT 的教法实践包括从对传统教法的小的扩展到最根本

的教法变化。例如，有的老师使用交互式电子白板以传统的方式显示内容和讨论结果，还有一些老师允许学生使用白板向全班展示他们的规划和作品。研究显示，最有效地使用交互式电子白板的做法包括：老师借助软件和电脑挑战学生的理解和思考，或者通过交互式电子白板组织全班讨论，或者个人或两人小组在计算机上合作。如果老师有能力组织和开展ICT活动，那么无论是全班活动还是个别活动都同样有效。

四、教师获取可用交互式电子白板资源的知识

探讨影响在学科和课堂使用交互式电子白板的重要原因，其中之一为：是否有方便易获得的实用的交互式电子白板教学资源。这就要求教师有能力在网上找到需要的资源，熟悉网上教师社区。

有关教师使用ICT开展教学的研究表明，一方面老师可以获得的数字化教学经验有限，另一方面虽然网上有很多高质量的数据，但是很多老师并不知道有效获取这些数据的渠道，因此其学生并未能享用有限的ICT设施所带来的学习机会。

通常厂家会组织用户活动，进行相关的交流。中央电教馆近年来每年都举办大赛，也有一系列的研究课题会议，这些会议和比赛活动都是老师们获取教学思路的源泉。经常参加类似的交流活动，将会为开展教学研究做好理论和问题意识方面的准备。

五、开展教学研究的方法论知识

学校教师开展教学研究通常都属于行动研究范式，并不要求研究过程多么科学严谨。多采用扎根研究模型（Strauss & Corbin, 1998），所依据的教学理论包括：活动理论、多元智能理论、社会建构理论等。即使同样是访谈、观察等质性研究手法，采用现象学研究手法与叙事研究

手法，在研究描述方面也还是有很大差异的，这些内容超出了本书的范围，有兴趣的老师可以找有关资料学习。

6.2 常见的交互式电子白板研究的问题

下面列出了四类常见的交互式电子白板教学研究话题。这些研究问题的提出，很多都来自于观察和直观感受，因此，准备做教学研究的老师一定要注意观察，注意记录。

6.2.1 交互式电子白板教学法的特点

老师们最常问的问题是：是否存在交互式电子白板教学法？这种教学法与其他形式的教学法有区别吗？区别在哪里？会影响教与学的哪些方面？

关于什么是教学法，并不容易定义。通常将教师为促进学生学习有意识而为的一组教学行为统称为教学法，包括选择适当的教学策略、教学资源、提问技巧和技术技能等。教学法包含的内容很多，因此，对其中任何一点的深究都可以带来值得研究的话题。比如，英国基尔大学的研究组认为，用交互式电子白板教分类、对比、评价、求解等高阶认知技能要比传统教学媒体更有优势。因此，其研究重心就是怎样更好地运用交互式电子白板来向学生传授高阶认知技能。

一些研究人员研究认为，交互式电子白板教学法的核心是交互活动设计，研究的重心是各种交互教法，以及怎样帮助老师从讲授教学方式向交互教学方式转变得更容易一些。比如，Cuthell（2005a，2005b）提出，一个好的交互要有四个要素：一是要真实，比如用真实照片等；二是要有趣，比如有些游戏成分；三是要形象，比如用颜色、序列或动作等解释概念；四是老师能创造性地使用这些资源。Hennessy（2007）总结了有经验的老师使用交互式电子白板教学的模式，包括设置挑战问题、澄清问题和表达解题思路、对学生的观点进行点评、鼓励学生推断、帮助学生将思路转化为正规的表达等，所有这些活动都需要师生不断交流才能完成。因此，怎样提问、怎样开展对话式教学便成为交互式电子白板教学法的基本功。

还有一类研究是归纳总结使用交互式电子白板开展学科教学的经验，比如科学教育使用交互式电子白板教学的模式，结合学科软件和学科数据采集装置等进行教学等。一些研究表明：尽管交互式电子白板教学法中有一些普遍适用于各学科的规则，但是每个学科也会侧重使用不同的功能，比如语言教学就会多用图片和声音，数学教学会多用例子和解题过程讲解。Hennessey 等（2007）观察了一些科学老师的教学后，提出：科学课程使用交互式电子白板教学要进一步地与学生以前学过的知识建立联系，比如调出以前讲过的页面，让学生用图示表达概念、提出高阶问题，提供机会让学生去推理、解释和反思等。Baker（2007）研究了音乐教学如何使用网上资源和音乐软件类来培养学生的节奏感和音乐理解力。总之，这类研究非常适合一线学科老师基于自己的工作实践，进行探索和尝试。

Ernest（1994）认为，教师的角色有三类：作为"教员"（Instructor）侧重在概念的呈现和后续的练习要求；作为"助学者"（Facilitator）主要是做增进学生理解的事情；作为"中介"（Mediator）则是教书的最高境界，它会在学生的理解和专业的学习之间架起一座桥梁。这三种角色所要求的师生交流的频度和深度是不同的，而我们对身处不同角色的教师进行交互式电子白板教学的观察研究是非常有价值和意义的。

6.2.2 学生学习参与度研究

交互式电子白板课程给人最初的印象就是学生在课堂上十分活跃，因此很多老师一开始的研究动机就是想调查了解学生为什么喜欢交互式电子白板上课，究竟喜欢的是什么。

研究发现：

- 在交互式电子白板是否会增加学生教学过程的参与度这一问题上，调查所得到的答案都是肯定的。几乎所有的教师调查都表示，学生很喜欢交互式电子白板课堂，上课注意力会明显提高。学生也表示，交互式电子白板课堂更有意思，学得快，学得深。
- 学生喜欢自己操作交互式电子白板，这种触摸操作的方式有一种神奇的感觉，让他们更为专注。换句话说，一个有机会让学生来白板前操作的课堂要比只有老师使用交互白板的课堂更能让学生投入。用多元智能理论来解释，交互式电子白板的课堂让各种学习风格的学生都得到了满足，尤其是动觉型的学生，学生开始感受到课堂的"乐趣"。
- 交互式电子白板提供了全班讨论的共同注释空间，是课堂交流对话的有效沟通媒介。

在对交互式电子白板的动机激发特性有了理论和实践的解释之后，现在的研究重心已经转向如何能够更好地抓住学生的注意力并保持学生的注意力上。

这方面的研究问题分为两类，一类是研究交互式电子白板是如何通过多种呈现方式来吸引学生注意力的，研究重心放在如何设计能够提起学生学习兴趣的呈现方式，用这样的资源来促进学习过程（Kennewell，2001）；也会研究怎样做会伤害学生的注意力，比如，如果仅仅是老师在用交互式电子白板，学生没有机会使用的话，过一段时间，学生的兴趣和注意力就又回到了从前（Wall et al.，2005）。另一类研究关心的是如何设计师生围绕学习内容的交互性活动。很多研究人员都发现，只有在备课的过程中就将交互式电子白板的交互性作为教学活动的有机组成去规划，才能够最大限度地发挥其教学效用（Miller et al.，2005）。很多老师习惯于从呈现的角度去挖掘交互式电子白板的妙用，这在应用初期是常见的，也是合适的，但是随着应用的深入，研究重心就应该放到交互式电子白板的教学潜力中，即如何促进学生深入地思考和学习（Smith et al.，2005），这就要求老师深刻认识到这个技术的价值以及其对教法的影响，换句话说，老师不仅要知道怎样做会比较"炫"、比较"酷"，更要知道为什么要这么做，对学生学习的真正触动和作用在哪儿。

通过研究交互式电子白板对不同年级、不同性别、不同学习能力（如反应慢，有特殊需要）学生学习兴趣的影响，就可以产生出不同的研究论文。这些分学科、分年级的研究成果共同构成了交互式电子白板对学生学习产生影响的效果图。

6.2.3 交互式电子白板教学影响力研究

这类研究主要采用案例研究和大范围的调查方法，研究的问题不只是交互式电子白板对学生成绩的影响、对教师发展的影响，也包括要想更好地发挥交互式电子白板的教学影响力，还需要哪些环境条件。比如，Roythorne（2006）提出，要综合运用其他的软件和网上资源；Starkman（2006）提出，要研究教师培训对交互式电子白板教学效果的影响。

由于交互式电子白板在英国的推广是自上而下的，如英国政府的小学国家改革计划中"采用信息技术教语文算术"的先期试点项目（Embedding ICT in the Literacy and Numeracy Strategies）就是在英格兰地区的八十多所学校为9～11岁儿童所在教室（约200间）安装交互式电子白板。当时全英国的所有老师都已经接受了信息技术方面的培训，学校的基础设施也已经因为"国家学习网格"项目而得到了改善，也就是说，这个项目所需要的软件、硬件和人员条件都已具备。项目设计中，在每个地区有一个20人的全职教师技术支持组，定期非正式地开展活动，所使用的培训教材也是统一开发的，各地可以做适当修改。项目还建立了一个临时的资源网站，供参与项目的专家和教师讨论交流。Higgins等人（2005）对此项目进行了影响评估，下面以此研究为例，解释影响力评估研究的常规做法。

在做项目评估之前首先要进行文献综述，确定评估问题（Smith等，2005）。有些评估问题是显然的，比如这个项目就是要推广"全班交互教学模式"（Reynolds & Muijs，1999），要看看这个模式的效果。而不太明显的评估问题是研究资助方提出的，比如他们认为男孩现在的学业表现不理想，想看看这种互动性强的课堂是否有助于男生提高学习成绩。

这个评估研究采用实证研究方法，混合了定性研究和定量研究，从多方收集数据，包括学校学生的成绩，结构化的课堂观察以及师生的观点。影响力模型中既包括短期指标，如参与者的观点、课堂交互模式，也包括学习的产出，如学生的态度和成绩。尤其是对成绩和课堂交互模式的研究做得很少，现在已经比较常见了。研究分别收集了使用交互式电子白板一年后和两年后学生的成绩数据。

课堂每天使用情况的数据采用网上日记方式收集，也是两年中每年做一次，每次6周，有将近一半的项目老师约100人自愿汇报了这六周的每堂课教学情况，共有 8800 堂课。从这个日记数据可以看出，第一年这些老师使用交互式电子白板的课时大约是总教学课时的 66%，第二年会达到 74%。第一年数学学科用得多，可能是因为项目启动时数学软件和工具比较多，但是第二年语文学科就赶上来了，所以最后两个学科差不多。因为这些老师都是志愿填写网上日志的，多是比较喜欢交互式电子白板的，交互式电子白板使用率可能会偏高。有意思的是，使用频度从周一（80%）到周五（67%）递减。这难道是因为周末有时间备课？在第二年，更多的老师会在课堂上的更多的教学环节中使用交互式电子白板，这表明，他们对这个技术的驾驭能力提高了。

对课堂的结构化观察也是每年做一次，随机抽取了 30 个老师的 184 堂课，对比使用交互式电子白板和不使用交互式电子白板的课堂教学活动的差异，以及一年后的变化（Smith & Higgins，2006）。课堂观察表在其他研究的文献基础上改造而来，观察点包括：教师讲解用时，教师提出封闭问题用时，评价用时，指导用时，学生回答用时。从观察来看，第二年开放问题明显增加了，老师也会重复问题，学生回答的时间长了，老师开始对全班而不是对单个学生进行问题追问。第二年使用交互式电子白板的课堂明显比前一年没有使用交互式电子白板的课堂教学节奏快，学生回答的时间也较长。由于课堂观察包括使用交互式电子白板的和不使用交互式电子白板的，在进行语文和数学的学科比较时，就可以看出哪些变化和差异是学科特点引起的，哪些是年级变化引起的。由于课堂中的很多变化对学生的影响可以说是因人而异，所以对课堂观察数据的解释非常具有挑战性（Smith et al.，2006）。

为了了解师生的观点，研究人员随机电话访谈了 68 位老师（考虑了样本广泛的代表性），了解了他们所感受到的技术对他们教学的影响，以及对所接受的培训和支持的意见。访谈内容包括教龄、使用信息技术的水平、受过的培训，详细了解他们是怎么使用技术教学的，他们对交互式电子白板教学影响力的看法。对学生的访谈做了两个研究（Hall & Higgins，2005；Wall，Higgins & Smith，2005），所访谈的学生都是使用交互式电子白板两年的，一个研究从随机抽选学校中抽取了72位学生，采用问答式访谈，进行了录音和文字整理。另一个研究对三个地区的80位学生（46男孩，34女生）采用教学场景图模板来记录学生的发言和思考。

对学生成绩的影响分析是从英国教育部拿到了六个学区67所项目学校的和同档次的55所参照学校11岁学生的语文、数学和科学三科全国统考的成绩，看用不用交互式电子白板是否有差别，对男生女生的影响力是否不同，对成绩好的学生和成绩不好的学生的影响力是否也不一样。所谓同档次的学校，是根据交互式电子白板使用之前的两年（2002年和2001年）英国全国统考数据。

这类研究过程难以控制，研究结论经常不具备效度和信度，很难被认可。比如上面这个研究从英国全国统考的成绩看不出有什么影响，因为评估设计研究的不是随机选取样本的学校，这些项目学校本来教学水平就在平均水平之上，也就不能够做因果推断。从另一个角度来看，英国全国统考成绩主要考知识点，差别不大也是正常的，因为无论采用哪种方式教学，老师都会让学生达到国家要求的知识水平。因此在研究分析的时候，研究人员也提出，用传统的评价指标来看交互式电子白板的教学影响可能不合适，比如交互式电子白板造成了学生学习的态度和投入程度的变化，这会影响学生的学习效率，就不是考试成绩能够看出来的了。

之所以这么详细地介绍这个研究，是因为很多学校都会提出要做影响力研究，但是这类研究不太好做，因为教学效果会受到很多因素的影响，而且需要较长的时间才能看出变化，比如发现对成绩的影响很小，且是短时有效的，这就可能与技术在课堂上是如何被使用的有关。目前，影响力评估类研究只能做出这样的发现和建议，至于怎样用技术改进教学，就不是这类研究所能承担的了。

中小学老师在做影响力研究的时候可以从以下四个角度考虑，即技术是不是让你把现在在做的事情做得更好了？技术是不是帮助你更好地完成了你的一些教学追求，让你们班学生的成绩得到明显改观？技术是不是帮助你改进了课程设计和对学生的作业考核，是否达到了你所期望的效果？技术是不是帮助你发现教学如何能变得更好？

6.2.4 交互式电子白板学校推广策略研究

这组研究包括政策研究和实施策略研究两类，尤其是实施策略研究论文更多像经验交流，比如会谈到交互式电子白板摆放的位置和高度如何避免阳光反射及考虑学生的身高（Canterbury，2003），如何根据教室大小选择合适尺寸的白板（Smith，2001）等。与实施有关的政策问题也会影响推广，比如如果交互式电子白板安装在某个特殊的教室，老师使用都需要预约登记的话，可能会影响老师使用的兴趣（Levy，2002），只有当交互式电子白板成为教室的基本装备后，有效的教法改变才可能发生（Miller，2001）（Greiffenhagen，2000）。而是否能够做到在全校范围的大面积教室安装和使用，与学校领导和学科老师是否上下一心的使命感又有很大关系（Glover & Miller，2003，2005），与学校之前对信息技术开展教学的文化有很大的关系（Glover & Coleman，2005）。教师和学校对随之而带来的设备运行费用、教师培训费用、技术支持费用也要有充分的认识和准备（Miller 等，2008）。

这类研究论文通常是案例研究，多采用访谈等质性研究方法进行分析。比如 Kent（2006），他研究了一所学校引入交互式电子白板的过程中教师的不满和抵触情绪。其研究的贡献在于，他指出：在计划引入的时候，就要重视激发老师的动机，配套地提高老师使用这种技术的教学胜任力，这是让交互式电子白板设备发挥教学潜力的关键。另外的研究也发现，大面积地采纳可能带来大课培训，这种来自厂家的关于产品怎么使用的培训不能代替为促进学习更加有效的学科教法培训（Ganalouli 等，2004），更不能代替对教师的个别指导（Lloyd & McRobbie，2005）。老师们比较习惯于手把手地跟同事或培训师学（Cuckle & Clarke，2003），使用可控的教学资源（Kirschner & Davis，2003），分享学习体会（Levy，2002；Triggs & John，2004）。Miller 等（2008）认为，培训教师开展交互式电子白板教学模式可采用 SPORE 模型，即综合技能（Skills）、教法（Pedagogy）、机会（Opportunity）、反思（Reflection）和演变（Evolution），这是他们观察了七所学校教师培训之后总结出来的，对所有学科老师都适用的培训模式。

那些研究教师使用交互式电子白板开展教学发展阶段的论文也归属这类研究，比如确定各个阶段的典型特征，研究推动教师从一个阶段向另一个阶段转变的政策和培训内容等。

6.3 交互式电子白板教师发展路径

6.3.1 发现型行动研究

建议教师们以写博客日志的方式记录学习交互式电子白板的过

程，以及每天使用交互式电子白板开展教学的思考和体会，尤其是老师们的反思，体现了他们改变教法的愿望，以及用技术手段来促进学习的教学心得。这种对于自己教学实践的记录可以成为日后开展行动研究的素材，因为它清晰地展示了从生手到熟手变化的关键环节、所遇到的问题。在教学中所形成的课件可以形成教学资源成果，经验总结可以写成叙事型或现象学风格的教学研究论文。需要提醒的是，在记录发展的经过时，要注意全方位地收集学生、家长、同事和领导的反馈，同步地记录，有助于表征研究发生的场景、情境，甚至更有助于读者对研究结论的价值判断。

若干个人在不同地方使用不同交互式电子白板的成长经历放在一起，就可以写出一篇教师使用交互式电子白板发展规律的论文，比如英国伦敦国王大学的 Cogill 团队（2008）就是观察了 11 位小学教师使用交互式电子白板一年的情况，总结出了交互式电子白板教学法。若干位同学科老师关于同一教学内容的教学日志放在一起，就可以找出关于这个教学内容最好的表达方法和技术运用策略。比如英国基尔大学的 Miller 团队（2004）就是在观察了很多数学老师的课堂之后，才总结出了使用交互式电子白板开展交互式数学教学的规律。不同学科老师关于同一教学环节的类似处理，则可以显示出交互式电子白板某个技术功能在各个学科应用中的普适性。Miller 等人对中学数学教师的课堂观察发现，随着交互式电子白板应用的深入，老师提问题、组织全班讨论的能力在提高；教学活动设计也开始从一堂课为单位细化到对一个交互活动的结构情境进行设计；继而不少老师还形成了一套使用交互式电子白板进行讲解和强调的肢体语言。

6.3.2 教学资源设计与开发

2006 年在国际"英语作为第二语言"教师大会（IAATEL，International Association for Teachers of English as a Foreign Language）上大家讨论到有三个因素可能会造成交互式电子白板在市场推广上的失败，即高昂的价格和运行成本、教师培训不得法、买不到合适的教学资源。目前国内的交互式电子白板价格成本已经降低，但是各厂商能够提供的教学可用资源的数量、种类都有限。在这种情况下，有能力的老师都是自己开发课件，随后在学校或地区的教育资源库系统中交流，这也是教师发展的一条途径：通过贡献，得到认可；通过交流，好上加好。

开发交互式电子白板资源，要避免只是简单地对原有的材料进行修改，如将教材或 PPT 讲稿简单地搬到交互式电子白板上。因为交互式电子白板教学设计侧重的是课堂活动设计，所制作的小课件要能够充分发挥交互式电子白板的技术特长，通常只有 2~15 分钟，有一个完整的话题内容和活动，可以用于不同的教学目的和不同的教学环节。在网上分享后，其他老师可以根据课堂需要方便地修改，以节省备课时间。

老师们可以去网上浏览一些厂家为用户建立的交流社区，如，Smartboard 教育社区（http：//smarttech.com/edredirect），普罗米修斯星球（Promethean Planet，www.prometheanplanet.com），Teachit（http：//www.teachit.co.uk）。从中可以看到，虽然所分享的一些课件，可能与所在学校使用的交互式电子白板品牌不一样，操作方式不同，但是观看这些课件，还是可以给使用交互式电子白板教学带来很多启发，也有助于在本校所使用的交互式电子白板上开发出类似功能的课件。

目前一些出版商和资源厂商已经开始关注老师们制作的课件,对于那些采用率高的教学设计,出版公司会组织力量重新制作,作为产品推广。就像有人写博客出名后出书一样,未来会有越来越多的老师因为教学创意而获得出版界的认可。

6.3.3 建设网络领导力

对于一些学校的交互式电子白板先行者来说,由于学校可能并没有持续的交互式电子白板教学应用培训,所以互联网是他们获取有关信息,如发达地区教师的课例、论文的主要渠道,教师博客更是如此。教师博客是教师们记录行动研究进程和展示阶段性成果的场所,现在很多学校都鼓励教师写教学反思博客,有的学校还纳入了学期考核。相对于一些学校鼓励老师在自己学校的博客系统中发表博文的做法,我们更鼓励老师们在全国的教师博课空间中建立自己的博客,以便跨地区跨学校找到更多志同道合者,形成更有互补性的学习和实践共同体。

除了博客空间这种主要依赖一个人的力量建设的经验分享网页外,也可以利用维基类软件,以及现在一些软件企业提供的办公软件云服务,来支持大家共建一个文档。比如微软的 MSN 现在提供对学校用户的免费网上 Office 软件服务,只要是学校用户,都可以免费使用网上的 Word 软件编写教案,网上的 PPT 制作课件。Google 也提供类似的服务。英国有位老师叫 Tom Barett,他与学生一起用 Google-Docs 做了一个类似 PPT 的文件,叫做 "Ten Interesting Ways to Use Your Interactive Whiteboard"(使用交互式电子白板的 10 种妙法),后来他把这个文件公开,让所有人都可以从中受到启发,也可以在上面添加新的妙法，而 Tom 则定期更改文件名，如"使用交互式电子白板的 38 种妙法"。

澳大利亚的中文教师 Jess McCulloch 是另外一位在国际上产生重要影响的白板老师，她发起了"交互式电子白板邀请赛"（http://iwbchallenge.wikispaces.com/）。每次比赛都会请若干位使用交互式电子白板教学很有心得的老师担任出题人，题目是用交互式电子白板实现某个教学活动，出题人会用视频展示他们希望挑战者破解的活动的效果。这个题目要有多种实现路径，能够促进参加者进一步挖掘所使用的交互式电子白板的软硬件潜力，且能够在任何牌子的白板上完成。一旦某位挑战者在自己的课堂用交互式电子白板完成了挑战，就可以把过程拍下来，把做法写下来，放到"交互式电子白板挑战"维基中，这样其他人就可以学到他的经验。

澳大利亚教师 Sue Tapp 在 2008 年 4 月 13 日至 2009 年 6 月 14 日期间用网上的一款免费使用的视频在线聊天软件 FlashMeeting 开设了在线聊天室（OzNz Educators Group, http://edhouse.wikispaces.com/Meeting+topics），定期每周日晚上开放，刚开始仅仅是澳大利亚和新西兰的一些老师参与进来，后来欧洲、亚洲都有老师参与。话题主要是谈一些课堂可用的技术，交流使用技术的经验，以及课堂上发生的故事。后来 Sue 又在 Diigo（http://groups.diigo.com/groups/oz-educators）、Ning（http://oznzeducators.ning.com）等社交网站上开设了教师资源交流区，主要精力似乎就不在办网上实时研讨会了。

加拿大教育工作者 Ben Hazzard 和 Joan Badger 花了三年的时间每周录一段音，建立了 SMARTBoard Lessons Podcast（http://pdtogo.com/smart/），提供了很多使用 SMARTBoard 板的经验。两人诙谐的对话，使听众在轻松愉快的气氛中得到了很多好建议，不只是关于技术的使用，还有各种做法背后的教学原理，以及可以推广的用技术促进有效教学的方法。

  2006 年，两位美国教师和一位加拿大老师（WesFryer，Sheryl Nussbaum-Beach and Darren Kuropatwa）决定在网上开一个中小学教师大会。经过 3 周的设置，第一届 K12 Online Conference 在 2006 年 10 月召开，有 40 个网上报告，4 个实时在线活动，话题是用技术学习。参会者可以观看或听报告，用博客、聊天等方式参与讨论，点击数达到 11 万。这个网上会议每年都办，所有的文件资料都在网上存档，所以自称为永不闭幕的会议。

  上面的几个国外老师的例子表明，在如今网络发达的时代，老师们可以通过各种网络技术来建立自己的网络领导力，而不一定要等学校、教育部来张罗这些事情。这个时代有很多种途径成就草根英雄。借助网络技术，教师不仅可以更方便地记录自己课堂上所进行的行动研究，也可以与其他老师进行比较研究和协作研究，研究的话题、形式、深度和广度将更为丰富多彩。

结 束 语

在本书写作即将结束的时候，我随教育部的一个研究课题组去青海和江苏调研，看到无论是西部不太发达的地区，还是东部发达地区，都开始在学校安装交互式电子白板了。尤其是在东部发达地区，基本上是做到了每间教室都有，每位老师都会用。所走访的几所学校的校长都旗帜鲜明地指出：要适时适度地使用信息技术，如在对老师的课件评比标准也突出在课件对教学难点、疑点的阐释和对学生思辨能力的培养上。这表明中国基础教育的教学信息化应用已经变得理性成熟。

交互式电子白板给课堂教学带来的变化有目共睹：多样化的、有创造力、有活力的课堂，学生的课堂注意力明显提高，各种学习风格的学生，尤其是视觉型和动觉型的学生，会感到教学活动很适应自己的需要；交互式电子白板还能促进老师改进教学设计，以开展更有组织、更有重点、更高效率的教学，师生都乐在其中，信息技术和教学内容达到了深度融合，常态化将成为自然。

要想交互式电子白板真的对教学发生作用，就必须让它在教室里如同寻常的黑板一样被视而不见，用而不知。让一部分老师热衷于使用交互式电子白板改变教学方式并不难，难得的是让所有的老师都成为使用交互式电子白板进行有效教学的专家。

一所学校能否有效地使用交互式电子白板，取决于很多因素，如：

- 学校领导对采用交互式电子白板开展教学的态度和见识决定了是否有明确的发展目标和对应的政策支持。视其为锦上添花，还是把它当作必备设备，会影响到学校在推进时候的策略和做法。

- 学校所使用的交互式电子白板软硬件配置是否完全，是否统一。由于现在的交互式电子白板系统未形成行业标准，造成了操作方式以及软件的不兼容。如果一所学校有多种白板，会增加推广和使用的难度。
- 是否有促使教师有持续地使用交互式电子白板开展有效教学的培训计划，是否有随叫随到的技术支持队伍？假使这些支持人员只是班上的学生，这会影响到教师应用的多样性、灵活性。
- 积极开展校内校外同学科或跨学科的交流活动，鼓励和奖励使用交互式电子白板取得创新教法和卓越成效的师生。实践证明，定期的回归和总结，以及项目评估有助于推进交互式电子白板应用的持续化和常态化。

教室中的一块交互式电子白板既可以当做普通的电脑投影幕使用，也可以被当做多种媒体形式的多种教学资源的集成播放台。交互式电子白板提供了创意教学的种种可能，而真正能够让交互式电子白板发挥教学魅力的是教师，是教师的教学热诚和教学方式。之所以说交互式电子白板是一个给教学带来催化剂作用的工具，而不是若干影响教学的变革因素之一，就是因为交互式电子白板带来了教学法的变革。

推 荐 资 源

这里推荐了一些国内外研究交互式电子白板教学的文献,从中可以看出研究者们关心的话题,以及随着时间的变化而导致的话题的变迁。考虑到一线老师获取国外期刊和书籍有一定的难度,所以我们尽量推荐网上可以获得的资源。非网上的资料是本书的参考文献,以及研究综述中提到的文章。

Becta(2003a). Primary Schools - ICT and Standards: An analysis of national data from Ofstedand QCA. Coventry, UK: Becta. http://www.bee-it.co.uk/Guidance％20Docs/Becta％20Files/Publications/50.％20Research％20report％20Primary％20schools％20-％20ICT％20and％20standards％20(summary％20report).pdf

Becta(2003b). Secondary Schools-ICT andStandards: An analysis of national data fromOfsted and QCA. Coventry, UK: Becta. http://homepages.shu.ac.uk/~edsjlc/ict/becta/ict-resources-&-school-standards/secschoolfull.pdf

Becta(2003c). What the research says about interactivewhiteboards. 2011年5月16日,检索自 https://www.education.gov.uk/publications/standard/ICTSCH/Page8/15006

Becta(2004). Getting the most from your interactivewhiteboard: A guide for secondary schools. Coventry: Becta. 2011年5月16日,检索自 https://www.education.gov.uk/publications/standard/publicationdetail/page1/15091

Beeland, W. D.(2002). Student engagement, visual learning and technology: Can interactive whiteboards help? Action Research Exchange, 1 (1). 2011 年 5 月 16 日, 检索自 http://chiron.valdosta.edu/are/Artmanscrpt/vol1no1/beeland-am.pdf

Brown, S. (2004). Interactive whiteboards ineducation. TechLearn Briefing. UK: JISC TechnologiesCentre, Joint Information SystemsCommittee. 2011 年 5 月 16 日, 检索自 http://www.jisc.ac.uk/uploaded-documents/Interactivewhiteboards.pdf

Bell, M. A. (2001). Update to survey of use ofinteractive electronic whiteboard in instruction. 2011 年 5 月 16 日, 检索自 http://www.shsu.edu/~lis-mah/documents/updateboardindex.htm

Bell, M. A. (2002). Why use an interactive whiteboard? A baker's dozen reasons! Teachers NetGazette 3 (1). 2011 年 5 月 16 日, 检索自 http://teachers.net/gazette/JAN02/mabell.html

Blane, D. (2003). The whiteboard's a whizz! Times Educational Supplement. 2011 年 5 月 16 日, 检索自 http://www.tes.co.uk/article.aspx?storycode=383940

Branzburg, J. (2008). The whiteboard revolution. Technology & Learning, 28 (9), 44. 2011 年 5 月 16 日, 检索自 http://www.wright.edu/~marguerite.veres/SmartWorkshop/whiteboardinfo.pdf

Canterbury Christ Church University College (Faculty Learning Technology Team). (2003). Briefing paper on the application of interactivewhiteboards to learning and teaching. CanterburyChrist Church University College, Learning andTeaching Enhancement Unit. 2011 年 5 月 16 日, 检索自 http://www.canterbury.ac.uk/Support/learning-teaching-enhancement-unit/Resources/Documents/BriefingNotes/InteractiveWhiteboards.pdf

Coghill, J. (2002). How is the interactive whiteboardbeing used in the primary school and howdoes this affect teachers and teaching? 2011 年 5 月 16 日，检索自 http：//www.virtuallearning.org.uk/wp-content/uploads/2010/10/IFS-Interactive-whiteboards-in-the-primary-school.pdf

Cogill, J. (2003). The use of interactive whiteboardsin the primary school: Effects on pedagogy. ResearchBursary Reports Coventry, Becta. 2011 年 5 月 16 日，检索自 http：//publications.teachernet.gov.uk/eOrderingDownload/DfES-0791-2003.pdf♯page=54

Cuthell, J. P. (2003). Interactive whiteboards: Newtools, new pedagogies, new learning? 2011 年 5 月 16 日，检索自 www.mirandanorth.org.uk/case-studies/whiteboards-survey.doc

Cox, M., Abbott, C., Webb, M., Blakeley, B., Beauchamp, T., & Rhodes, V. (2003a). ICT andattainment: A review of the research literature. Areport to the DfES. Coventry, UK: Becta. 2011 年 5 月 16 日，检索自 https：//www.education.gov.uk/publications/standard/ICTSCH/Page11/DfES％200792％202003

Cox, M., Webb, M., Abbott, C., Blakeley, B., Beauchamp, T., & Rhodes, V. (2003b). ICT andpedagogy: A review of the research literature. Areport to the DfES. Coventry, UK: Becta. 2011 年 5 月 16 日，检索自 https：//www.education.gov.uk/publications/standard/ICTSCH/Page11/DfES％200792％202003

Davison, I., & Pratt, D. (2003). An investigationinto the visual and kinaesthetic affordances ofinteractive whiteboards. Report 2011 年 5 月 16 日，检索自 http：//publications.teachernet.gov.uk/eOrderingDownload/DfES-0791-2003.pdf♯page=31

Damcott, D., Landato, J., & Marsh, C. (2000). Report on the use of the SMART board interactivewhiteboard in physical science. 2011年5月16日, 检索自 http://downloads01.smarttech.com/media/sitecore/en/pdf/research-library/science/report-on-the-use-of-the-smart-board-interactive-whiteboard-in-physical-science.pdf

DfES (2001). NGfL Pathfinders: Preliminaryreport on the roll out of the NGfL programme inten Pathfinder LEAs. NGfL Research and EvaluationSeries Number 2. 2011年5月16日, 检索自 https://www.education.gov.uk/publications/eOrderingDownload/DfES-0781-2002.pdf

DfES (2003). Fulfilling the potential. Policy statementon ICT signed by Charles Clarke. 2011年5月16日, 检索自 https://www.education.gov.uk/publications/standard/publicationdetail/page1/DfES%200265%202003

Glover, D., & Miller, D. J. (2002). The introductionof unteractive whiteboards into schools in the United Kingdom: Leaders, led, and the managementof pedagogic and technological change. International Electronic Journal for Leadershipin Learning, 6 (24), University of Calgary Press. 2011年5月16日, 检索自 http://www.ucalgary.ca/iejll/glover-miller

Glover, D., Miller, D., & Averis, D. (2004). Panacea or prop: The role of the interactive whiteboard in improving teaching effectiveness. In Tenth International Congress of MathematicsEducation, Copenhagen. 2011年5月16日, 检索自 http://www.icme-organisers.dk/tsg15/Glover-et-al.pdf

Graham, K. (2003). Switching on switched-offchildren: Does the

Promethean ACTIVboard promote lesson participation among switchedoffchildren? 2011 年 5 月 16 日，检索自 http：//www. mirandanorth. org. uk/case-studies/Switching-Switched-Off. doc

Harrison，C.，Comber，C.，Fisher，T.，Haw，K.，Lewin，C.，& Lunzer，E.（2002）. ImpaCT2：The impact of information and communication technologieson pupil learning and attainment. A report to the DfES. ICT in Schools Research andEvaluation Series No 7. Coventry，UK：Becta. 2011 年 5 月 16 日，检索自 http：//dera. ioe. ac. uk/1572/

Hennessy，S. (2008). Interactivity means moreactivity for students. ESRC. 2011 年 5 月 16 日，检索自 http：//www. eurekalert. org/pub-releases/2008-09/esr-imm090108. php

Hennessy，S.，& Deaney，R.（2007）. Teachermediation of subject learning with ICT：A multimediaapproach（T-MEDIA）. 2011 年 5 月 16 日，检索自 http：//www. educ. cam. ac. uk/research/projects/istl/T-MEDIA-Fin-Rep-Main. pdf

Higgins，S. Clark. J.，Falzon. C.，Hall，I.，Hardman，F.，Miller，J.，Moseley，D.，Smith，F.，& Wall，K.（2005）. Embedding ICT in the literacy andnumeracy strategies：Final report April 2005. Newcastle Upon Tyne，UK：Newcastle University. 2011 年 5 月 16 日，检索自 http：//www. ecls. ncl. ac. uk/publications/Clark％5E2005-IWBreport. pdf

Latham，P.（2002）. Teaching and learning primarymathematics：the impact of interactive whiteboards. BEAM research papers. 2011 年 5 月 16 日，检索自 http：//www. beam. co. uk/uploads/discpdf/RES03. pdf

Levy, P. (2002). Interactive whiteboards in learningand teaching in two Sheffield schools: Adevelopmental study. Department of InformationStudies, University of Sheffield. 2011 年 5 月 16 日，检索自 http://dis.shef.ac.uk/eirg/projects/wboards.htm

Miller, D., & Glover, D. (2004). Enhancingmathematics teaching through new technology: The use of the interactive whiteboard. Summaryof a report made to the Nuffield Foundation oncompletion of a funded two-year project (April2002-March 2004). https://www.ncetm.org.uk/research-gateway/193802

Miller, D., Glover, D., & Averis, D. (2004). Panacea or prop: the role of the interactive whiteboardin improving teaching effectiveness. Paperpresented at the Tenth International Congress ofMathematics Education, Copenhagen. http://www.icme-organisers.dk/tsg15/Glover-et-al.pdf

Miller, D., Averis, D., Door, V., & Glover, D. (2005a). How can the use of an interactive whiteboardenhance the nature of teaching and learningin secondary mathematics and modern foreignlanguages? Report made to Becta. 2011 年 5 月 16 日，检索自 https://content.ncetm.org.uk/itt/sec/KeelePGCEMaths2006/InteractiveWhiteboard & DataProj/Research/BectaReportMiller&co.pdf

Miller, D., Averis, D., Door, V., & Glover, D. (2005b). From technology to professional development: How can the use of an interactivewhiteboard in initial teacher education changethe nature of teaching and learning in secondarymathematics and modern languages? Trainingand Development agency, London. Reportmade to the Teacher Training Agency. 2011 年 5 月 16 日，检索自 http://www.ttrb.ac.uk/attachments/0d65acf3-488a-

4fca-8536-918d6dafd694. pdf

Miller, D., & Glover, D. (2006a). Interactive whiteboardevaluation for the secondary national strategy: Developing the use of interactive whiteboardsin mathematics, Final Report for the SecondaryNational Strategy. 2011 年 5 月 16 日，检索自 http://nationalstrategies. standards. dcsf. gov. uk/node/97754

Miller, D., Glover, D., & Averis, D. (2005). Presentationand pedagogy: The effective use of interactivewhiteboards in mathematics lessons. In D. Hewitt & A. Noyes (Eds), Proceedings of the sixth BritishCongress of Mathematics Education held at theUniversity of Warwick, pp. 105-112. 2011 年 5 月 16 日，检索自 http://www. bsrlm. org. uk/IPs/ip25-1/BSRLM-IP-25-1-14. pdf

Miller, D. J., Glover, D., & Averis, D. (2008). Enabling enhanced mathematics teaching: FinalReport for the National Centre for Excellence inthe Teaching of Mathematics. 2011 年 5 月 16 日，检索自 https://www. ncetm. org. uk/research-gateway/197281

Moss, G., Jewitt, C., Levacic, R., Armstrong, V. Cardini, A., & Castle, F. (2007). The interactivewhiteboards, pedagogy and pupil performanceevaluation an evaluation of the schools whiteboardexpansion (SWE) project: London Challenge. London, DfES Research paper 816. 2011 年 5 月 16 日，检索自 https://www. education. gov. uk/publications/eOrderingDownload/RR816%20Report. pdf

Ofsted (2004). ICT in schools: The impact ofgovernment initiatives five years on. London: Ofsted. 这里有一系列研究报告 2011 年 5 月 16 日，检索自 http://www. ofsted. gov. uk/Ofsted-home/Publications-and-research/Browse-all-by/Education/Curriculum/Information-and-communication-technology/Primary/ICT-in-schools-2004-the-impact-of-government-initiatives-five-years-on

Passey, D. (2002). ICT and school management: A review of selected literature. Lancaster University, 2011年5月16日, 检索自 http://www. bee-it. co. uk/Guidance%20Docs/Becta%20Files/Reports%20and%20publications/Archive/29%20ict-sm. pdf

Pittard, V., Bannister, P., & Dunn, J. (2003). Thebig pICTure: The impact of ICT on attainment, motivation and learning. London: DfES, 2011年5月16日, 检索自 https://www. education. gov. uk/publications/standard/publicationdetail/page1/DfES%200796%202003

Scrimshaw, P. (2004). Enabling teachers to makesuccessful use of ICT. Coventry, UK: Becta., 2011年5月16日, 检索自 http://dera. ioe. ac. uk/1604/

SMART Technologies Inc. (April 2004). Interactivewhiteboards and learning: A review of classroomcase studies and research literature., WhitePaper. 2011年5月16日, 检索自 http://peremarques. pangea. org/pdigital/es/docs/Research%20White%20Paper. pdf

Smith, A. (1999). Interactive whiteboard evaluation., 2011年5月16日, 检索自 http://www. mirandanet. ac. uk/publications/smartboard. htm

Smith, H. (2001). Smartboard evaluation finalreport, Kent NgfL. 非常全面的报告, 2011年5月16日, 检索自 http://www. kented. org. uk/ngfl/whiteboards/report. html

Smith, P., Rudd, P., & Coghlan, M. (2008). Harnessing technology: Schools survey 2008, 2011年5月16日, 检索自 http://

www. nfer. ac. uk/nfer/research/projects/harnessing-technology-survey-2008/

Somekh, B., Haldane, M., Jones, K., Lewin, C., Steadman, S., Scrimshaw, P., et al. (2007). Evaluation of the primary schools whiteboardexpansion project-Report to the Department for Children, Schools and Families., 2011年5月16日, 检索自 http://downloads01. smarttech. com/media/research/international-research/uk/becta-executive-expansion-summary. pdf

Somekh, B., Lewin, C., Mavers, D., Fisher, T., Harrison, C., Haw, K., & Lunzer, E. (2002). ImpaCT2: Pupils and teachers' perceptions of ICTin the home, school and community. A report tothe DfES. ICT in schools research and evaluationseries No 11. Coventry, UK:, 2011年5月16日, 检索自 Becta. http://dera. ioe. ac. uk/1573/

Twining, P., Evans, D., Cook, D., Ralston, J., Selwood, I., Jones, A., et al. with Heppell, S., Kukulska-Hulme, A., McAndrew, P., & Sheehy, K. (2005). Tablet PCs in schools: Case study report. Coventry, UK: Becta., 2011年5月16日, 检索自 http://dera. ioe. ac. uk/1462/

Williamson, B. (2005). What are multimodality, multisemiotics and multiliteracies? A brief guideto some jargon. Viewpoint article, 49 (1)., 2011年5月16日, 检索自 http://www2. futurelab. org. uk/resources/publications-reports-articles/web-articles/Web-Article532

Wiley, D. (2000). Connecting learning objectsto instructional design theory: A definition, a metaphor, and a taxonomy. 这是一本关于学习对象教学设计的电子书中的一章,这本书对于交互式电子白板课

件设计理念有价值。2011 年 5 月 16 日，检索自 http：//www. reusability. org/read/chapters/wiley. doc
- 关于语言学习的交互式电子白板文献清单：http：//www. call-inpractice. net/IWB/Research/iwb-research-references-1. html
- Keele Interactive Whiteboard Research Group，2011 年 5 月 16 日，检索自 http：//www. keele. ac. uk/education/research/interactivewhiteboard/
- Using interactive whiteboards to enrich the teaching of mathematics. http：//nationalstrategies. standards. dcsf. gov. uk/node/97247
- Embedding ICT @ Secondary 系列（13 个学科）http：//www. education. gov. uk/publications/standard/publicationDetail/Page1/DFES-1442-2005